DO CRIADOR DO CANAL **SMALLADVANTAGES**

GAVIN ROY

NUNCA DIGA
ABRAÇOS
PARA UM
GRINGO

Ciranda Cultural

©2020 Ciranda Cultural Editora e Distribuidora Ltda.

Texto em inglês e desenhos
Gavin Roy

Edição
Kurt Woock

Tradução
Juliano Timbó Martins

Produção
Ciranda Cultural

Revisão
Ciranda Cultural
Magali Morales
Nariman Shunnaq
Paloma Blanca Alves Barbieri

Diagramação
Silvia Marchetti

Dados Internacionais de Catalogação na Publicação (CIP) de acordo com ISBD

R888n	Roy, Gavin
	Nunca diga abraços para um gringo / Gavin Roy ; traduzido por Juliano Timbó Martins ; ilustrado por Gavin Roy. - Jandira, SP : Ciranda Cultural, 2020.
	168 p. : il. ; 15,5cm x 22,3cm.
	Inclui índice.
	ISBN: 978-65-550-0000-9
	1. Inglês. 2. Idioma. 2. Linguagem. I. Martins, Juliano Timbó. II. Roy, Gavin. III. Título.
	CDD 420
2020-256	CDU 811.111

Elaborado por Vagner Rodolfo da Silva - CRB-8/9410

Índice para catálogo sistemático:
1. 1. Inglês 420
2. 2. Inglês 811.111

1ª Edição em 2020
www.cirandacultural.com.br

DEDICATION

For **Magali**, the den mother of SmallAdvantages.

DEDICATÓRIA

Para Magali, a madrinha protetora do SmallAdvantages.

THANKS

When I decided to write a book I thought I could do it all on my own — the writing, yes, but also the proofreading, the translation, the design, the publication, the marketing, the sales.... Oh, how disillusioned I was! I've been a one-man show in my basement studio in Colorado for so long that I'd forgotten how amazing it can be to work with a team of people to transform an idea into a reality. I'd like to thank the following people for helping me transform my own embryonic idea into this beautiful, living book that can be held in my hands and read by my fans.

Thank you to the team at Ciranda Cultural in São Paulo, especially Elisangela, Karina, Carolina, Natalia, Layane, Silvia and Paloma, and also Julian, who made the initial connection between author and publisher. They have been a joy to work with.

Thank you to my good friend and fellow wordsmith Kurt, who reviewed the original drafts of each chapter and helped me turn them into final versions that I'm immensely proud of. It would be a huge understatement to say this book would be worse without his careful feedback and dexterity with the English language.

Thank you to Juliano from Fortaleza, who translated my oft-whimsical American English into squeaky-clean Brazilian Portuguese. From the moment I decided this would be a bilingual book I knew I wanted him to translate it, and he did not disappoint.

Thank you to my *baiana* friend Magali and my *gaúcha* friend Nari, who in tandem agreed to comb through my English and Portuguese texts side-by-side to make sure my authentic gringo voice came through in the latter. Their attention to detail and generosity with their time meant the world to me.

Thank you to my manager Gilvan in Sampa and my video-editor Pedro in Pelotas, who both make my job a whole lot easier despite the distance between us. You guys are masters at what you do. More importantly, you are loyal friends, and I know I can always count on you. #TMJ

Thank you to the *madrinhas* and *padrinhos* of SmallAdvantages who, when I announced my decision to quit my science career to focus on YouTube full-time, clicked *APOIE-ME* to help pay a salary I suddenly

AGRADECIMENTOS

Quando decidi escrever um livro, pensei que poderia fazer tudo por conta própria: a escrita, claro, mas também a revisão, a tradução, o design, a publicação, o marketing, as vendas… Ah, como eu estava enganado! Tenho feito um show de um homem só no meu porão-estúdio no Colorado há tanto tempo que tinha esquecido como pode ser maravilhoso trabalhar com uma equipe de pessoas para transformar uma ideia em realidade. Eu gostaria de agradecer às seguintes pessoas por me ajudarem a transformar a minha ideia embrionária em um livro lindo e cheio de vida, que posso segurar nas minhas mãos e que poderá ser lido pelos meus fãs.

Obrigado à equipe da Ciranda Cultural, de São Paulo, especialmente Elisangela, Karina, Carolina, Natalia, Layane, Silvia e Paloma, e também Julian, que fez o contato inicial entre autor e editora. Foi uma alegria trabalhar com eles.

Obrigado ao meu grande amigo e companheiro das palavras, Kurt, que revisou os rascunhos originais de cada capítulo e me ajudou a transformá-los nas versões finais, das quais estou imensamente orgulhoso. Seria um enorme eufemismo dizer que este livro não teria ficado bom sem o seu feedback cuidadoso e a sua destreza com a língua inglesa.

Obrigado ao Juliano, de Fortaleza, que traduziu o meu inglês americano, muitas vezes desajeitado, para um português brasileiro bem claro. Desde o momento em que decidi que este seria um livro bilíngue, eu sabia que queria que ele o traduzisse, e ele não me decepcionou.

Obrigado à minha amiga baiana Magali e à minha amiga gaúcha Nari, que concordaram em vasc[u]lhar paralelamente os meus textos em inglês e português, lado a lado, para garantir que a minha voz autêntica de gringo passasse para a tradução. A atenção delas aos detalhes e sua generosidade com o tempo dedicado significaram muito para mim.

Obrigado ao meu assessor Gilvan, de Sampa, e ao meu editor de vídeo Pedro, de Pelotas, que facilitam muito o meu trabalho, apesar da distância entre nós. Vocês são mestres no que fazem. Mais importante, vocês são amigos fiéis, e eu sei que sempre posso contar com vocês. #TMJ

Obrigado às madrinhas e aos padrinhos do SmallAdvantages, que, quando anunciei a minha decisão de largar a minha carreira de cientis-

didn't have. What started as anonymous crowdfunding on Patreon morphed into a tight-knit family, and it has been the most amazing and humbling thing to watch. I am eternally grateful for your support.

Thank you to all my subscribers, especially those of you who leave uplifting, constructive, and positive comments on my channel – answering questions, giving *fi-di-bé-qui*, or simply expressing gratitude. Most YouTube comment sections are a cesspool, and you guys make SmallAdvantages a delightful exception. Keep being awesome.

Thank you to three teachers from my past who inspired me in ways I was too immature at the time to appreciate: Nelly Zamora-Breckenridge (college), Kyle Brooks (high school), Frank Bonezzi (elementary school). Your lessons have stuck with me and continue to shape how I think, talk, act, and teach.

Thank you to the majority of my atmospheric science graduate professors for boring me in ways I never thought possible. Without this boredom I would have never come home each night with a burning desire to learn something new, cultivate something meaningful, and perhaps make a difference in the world. Graduate school was a confusing, frustrating journey, but I emerged on the other side better than I started, which, after all, is the goal of getting a PhD. Hooray.

Thank you to my parents, who encouraged me to read profusely as a child and saved up money to give me the experience of an international homestay in Denmark when I was 14. This trip opened my eyes to the world of foreign languages, a world I would have otherwise never been exposed to in rural Ohio.

Finally, thank you to my wife Lauren for too many reasons to count. You are my rock, my path, my light, and when I'm doing what I love, I do it with you always in the back of my mind. I can't believe I found you.

ta para focar em tempo integral no YouTube, clicaram em APOIE-ME para ajudar a pagar um salário que, de repente, eu não tinha mais. O que começou como um financiamento coletivo anônimo no Patreon se transformou em uma família unida, e tem sido a coisa mais incrível de se ver, além de uma grande lição de humildade. Sou eternamente grato pelo apoio de vocês.

Obrigado a todos os meus inscritos, especialmente aos que deixam comentários animados, construtivos e positivos no meu canal – respondendo a perguntas, dando *fi-di-bé-qui*, ou simplesmente expressando gratidão. Alguns comentários no YouTube podem nos deixar para baixo, mas vocês tornam o SmallAdvantages uma agradável exceção. Continuem sendo incríveis.

Obrigado aos três professores do meu passado que me inspiraram de maneiras que eu era imaturo demais para agradecer na época: Nelly Zamora-Breckenridge (faculdade), Kyle Brooks (ensino médio), Frank Bonezzi (ensino fundamental). As aulas de vocês ficaram na minha cabeça e continuam moldando como eu penso, falo, ajo e ensino.

Obrigado à maioria dos meus professores de pós-graduação em ciências atmosféricas por me entediarem de maneiras que nunca pensei que fossem possíveis. Sem esse tédio, eu nunca teria voltado para casa toda noite com um desejo ardente de aprender algo novo, cultivar algo significativo e talvez fazer a diferença no mundo. A pós-graduação foi uma jornada confusa e frustrante, mas eu saí dela melhor do que quando entrei, o que, afinal de contas, é o objetivo de conseguir um PhD. Eba!

Obrigado aos meus pais, que me encorajaram a ler abundantemente quando criança e economizaram dinheiro para me dar a experiência de fazer um intercâmbio internacional na Dinamarca quando eu tinha 14 anos. Essa viagem abriu os meus olhos para o mundo das línguas estrangeiras, um mundo ao qual, de outro jeito, eu jamais teria sido exposto no interior de Ohio.

Finalmente, obrigado à minha esposa Lauren, por tantos motivos que nem dá para contar. Você é a minha rocha, o meu caminho, a minha luz e, quando estou fazendo o que amo, eu faço sempre pensando em você no fundo da minha mente. Que bom que encontrei você!

FOREWORD

Did you know that cats have more than seven lives in English-speaking countries, and that in the United States it sounds strange to tell someone to send a hug?

Through stories about cultural exchanges, common mistakes, and funny situations, Gavin not only motivates us to view the learning process as a life-enriching, never-ending process, but also shows us that learning a new language doesn't have to be – and in fact shouldn't be – a chore. As Gavin himself says, life is too short to be doing something that you have no passion for.

The same passion for teaching and learning languages that we feel when watching his videos is present on every page of this book, which, by the way, has another advantage far from *small*: it's written in both English and Portuguese. So, besides just enjoying and learning from the stories told by the author, we also have the added benefit of being able to practice our reading. This is an essential book for any learner and lover of languages. Happy studies and happy reading!

Carina Fragozo
Teacher, linguist, and creator of the channel English in Brazil

When you think of a mentor that inspires you to learn a foreign language, Gavin Roy is the real deal. Gavin is proof that you can become fluent in any language you want by studying online and without having to leave your own country. He did it, and now it's your turn. This book is a fantastic source of information, inspired by and based on Gavin's research and personal experiences, including traveling around Brazil and creating his YouTube channel. He takes you along with him on a personal journey in which you'll feel captivated and even more motivated to improve your English and create your own path in life. This book is a must-have for anyone who dreams of speaking English fluently.

Jackie Katsis
Creator of the channel Ask Jackie

PREFÁCIO

Você sabia que o gato tem mais de sete vidas em países falantes da língua inglesa, e que mandar um abraço para alguém pode soar esquisito nos Estados Unidos?

Através de histórias que envolvem trocas culturais, erros comuns e situações divertidas, Gavin não apenas nos motiva a olhar para o processo de aprendizagem como uma experiência enriquecedora e contínua, mas também nos mostra que aprender um novo idioma não pode, e nem deve, ser uma tarefa entediante ou cansativa. Como ele mesmo diz, a vida é curta demais para nos dedicarmos a algo que não nos encanta, que não nos apaixona.

A mesma paixão pelo ensino e pelo aprendizado de idiomas que sentimos ao assistir aos vídeos do canal está presente em cada página deste livro que, aliás, tem uma vantagem nada *small*: ter sido escrito tanto em inglês quanto em português. Assim, além de nos divertirmos e aprendermos com as histórias contadas pelo autor, ainda temos o bônus de poder praticar o nosso *reading*. Uma leitura indispensável para os aprendizes e amantes de idiomas. Bons estudos e boa leitura!

Carina Fragozo
Professora, linguista e autora do canal English in Brazil

Quando você pensa em um mentor que te inspira a aprender uma língua estrangeira, Gavin Roy é *the real deal*. Gavin é a prova que você pode ficar fluente em qualquer idioma que você quiser estudando pela internet, sem sair de seu país. Ele conseguiu fazer isso e agora é sua vez. Este livro é uma fonte de informações, inspirado e baseado nas pesquisas e experiências pessoais do Gavin, entre elas viajando pelo Brasil e criando seu canal no YouTube. Ele te leva junto com ele em uma jornada pessoal na qual você vai se sentir cativado e mais motivado ainda a melhorar seu inglês e criar seu próprio caminho na vida. Este livro é um item quase que obrigatório para todos que sonham em falar inglês fluentemente.

Jackie Katsis
Autora do canal Ask Jackie

CONTENTS

AT THE END OF EACH CHAPTER IS A QR CODE. SCAN IT TO FIND OUT MORE ABOUT THAT TOPIC.

SUMÁRIO

NO FIM DE CADA CAPÍTULO, HÁ UM *QR CODE*. ESCANEI-O E SAIBA MAIS SOBRE O TEMA.

01

A Facebook post to my friends and family on November 7, 2016

 **Gavin Roy**
November 7, 2016   9:10am

Last Friday was my last day as a PhD student and research assistant, making today my first weekday as a full-time YouTuber. Life is crazy! I always thought one's career trajectory was supposed to be a straight line: high school to college, college to grad school, then a post-doc, then a research career. The steps were always very clear and I never had to think about what was next.

But mysterious things happen that change this course, whether it be personal trauma, downsizing, or simply a lack of interest. For me it ended up being the latter, and I would turn to my favorite hobbies in my downtime to fill this vocational void: reading, running, travel, and learning Brazilian Portuguese.

The YouTube channel I created two years ago, SmallAdvantages, started out as just another hobby. I posted my first couple videos because I felt like it, not because I had any big plans for the future. It was a place to store samples of me attempting to speak Portuguese. The videos went months with fewer than 100 views, and I used to be surprised when I would receive an email that a video I'd posted had received a comment. Then one day a Brazilian posted a simple comment that changed my life: "Bro, you should make videos in Portuguese teaching English!"

The first English tip video I posted in June 2015 is now one of my most popular videos, with over 400,000

01

*Um post do Facebook para os meus amigos
e familiares em 7 de novembro de 2016*

 **Gavin Roy**
7 de novembro de 2016   09:10

Sexta-feira passada, foi o meu último dia como estudante de doutorado e assistente de pesquisa, o que faz de hoje o meu primeiro dia como youtuber em tempo integral. A vida é uma loucura! Eu sempre pensei que a trajetória da carreira de alguém tivesse que seguir uma linha reta: do colégio para a faculdade, da faculdade para o doutorado, depois um pós-doutorado e, finalmente, uma carreira como pesquisador. Os passos sempre me pareceram muito claros, e nunca tive que pensar no que vinha depois.

Mas acontecem coisas misteriosas que mudam essa trajetória, quer seja um trauma pessoal, uma diminuição de ritmo ou simplesmente falta de interesse. Para mim, acabou sendo esta última, e eu me voltava aos meus hobbies favoritos no meu tempo livre para preencher este vazio vocacional: ler, correr, viajar e aprender português brasileiro.

O canal do YouTube que criei há dois anos, SmallAdvantages (Vantagenzinhas, em português), começou como mais um hobby. Eu postei os meus primeiros vídeos porque senti vontade, não porque tinha grandes planos para o futuro. Era um modo de guardar registros das minhas tentativas de falar português. Os vídeos passaram meses com menos de cem visualizações, e eu ficava surpreso quando recebia um e-mail dizendo que um vídeo que eu tinha postado tinha recebido um comentário. Então, certo dia, um

views. I've made probably 75 tip videos since then, almost every one a suggestion from a fellow viewer, and all of them in Portuguese. How do you pronounce TH? What's the difference between TO and FOR? What are the most common phrasal verbs?

My video-editing and Portuguese improved drastically - want to improve your own fluency in a foreign language? Film yourself talking and then watch it.

It was by the end of 2015 that I began to realize that I had inadvertently created a monster. I had about 15,000 subscribers by then, 30-some videos, and plans to go to Brazil in February 2016 for two months. My Portuguese improved even more drastically during those two months, and I was recognized on the streets of São Paulo and Rio de Janeiro at least ten times. I began making side videos relating a gringo's experience in Brazil, and by June 2016 I had hit 100,000 subscribers. Just last Friday I received a letter and plaque from YouTube commemorating this milestone.

Meanwhile I was trying to wrap up my PhD, manage the SmallAdvantages social networks, respond to every hundredth comment, and attempting to double my content creation; for every video I'd create, I'd get five more ideas for future videos.

And then the tipping point: on Monday, July 11, CatracaLivre (kind of the Buzzfeed of Brazil) unexpectedly shared my channel on their 8-million-strong Facebook page, and my channel went pseudo-viral. It got 20,000 subscribers overnight, was shared by the US Embassy in Brazil and by Brazilian actor Gregorio Duvivier, and was written about in the NY Times of Brazil, São Paulo's Folha. SmallAdvantages now has over 100 videos, 300,000 subscribers, 8 million views, and 85 years of total watch time.

I think about these numbers sometimes and literally can't believe it. I'm just a normal guy with a camera. But I've learned that in today's feckless and overblown world of mass media and entertainment, people value honesty and simplicity perhaps more than ever.

It was a race-to-the-finish to wrap up my PhD: I had made the decision to focus on SmallAdvantages full-time after my defense, and I would be making enough money from YouTube ad revenue and video sponsorships to make this decision a bit easier. Writing my dissertation, I felt like a car that had run out of fuel and was coasting

brasileiro escreveu um simples comentário que mudou a minha vida: "Cara, você deveria fazer vídeos em português ensinando inglês!".

O primeiro vídeo com dicas de inglês que postei, em junho de 2015, agora é um dos meus vídeos mais populares, com mais de 400 mil visualizações. Desde então, eu fiz provavelmente 75 vídeos com dicas de inglês, quase todos baseados na sugestão de algum inscrito, e sendo todos em português. Como se pronuncia *th*? Qual é a diferença entre *to* e *for*? Quais são os *phrasal verbs* mais comuns?

As minhas habilidades de edição de vídeo e o meu português melhoraram drasticamente – quer melhorar a sua fluência em uma língua estrangeira? Filme você mesmo falando e depois assista.

Foi no final de 2015 que comecei a perceber que, inadvertidamente, havia criado um monstro. Eu tinha em torno de 15 mil inscritos naquele momento, uns trinta e poucos vídeos e planos de visitar o Brasil em fevereiro de 2016 por dois meses. O meu português melhorou radicalmente durante aqueles dois meses, e eu fui reconhecido nas ruas de São Paulo e do Rio de Janeiro pelo menos dez vezes. Comecei a fazer vídeos paralelos, relacionados à experiência de um gringo no Brasil, e, em junho de 2016, eu alcancei 100 mil inscritos. Acabei de receber, na sexta-feira passada, uma carta e placa do YouTube, comemorando esse marco.

Enquanto isso, eu estava tentando terminar o meu doutorado, gerenciar as redes sociais do SmallAdvantages, responder a pelo menos 1% dos comentários e dobrar a minha criação de conteúdo: para cada vídeo que eu fazia, surgiam outras cinco ideias para futuros vídeos.

E, então, o momento decisivo: na segunda-feira, 11 de julho, o Catraca Livre (uma espécie de BuzzFeed do Brasil) compartilhou inesperadamente o meu canal na página do Facebook deles, que tinha a força de 8 milhões de seguidores, e o SmallAdvantages viralizou. Ganhou 20 mil inscritos da noite para o dia, foi compartilhado pela Embaixada dos EUA no Brasil e pelo ator brasileiro Gregório Duvivier, e escreveram sobre o canal na *Folha de S.Paulo* uma espécie de *New York Times* do Brasil. Agora, o canal tem mais de cem vídeos, 300 mil inscritos, 8 milhões de visualizações e 85 anos de tempo total de visualização.

Às vezes, eu penso nesses números e, literalmente, não consigo acreditar. Eu sou apenas um cara normal com uma câmera. Mas aprendi que, no mundo fútil e exagerado de hoje, de mídia em massa e

toward the gas station. I still don't know how I made it to the pump, but I successfully defended on September 8, 2016. And now, today: the first official day of my new career.

I have trouble explaining this transition to people. My parents have been supportive, Lauren has been unbelievably supportive, but mostly people ask why I would throw away a career that I had spent ten years preparing for. But I don't feel like those ten years in higher education were wasted. I enjoyed my life during it all, learned a lot, got to travel, met awesome people, got married, and had the free time to develop hobbies such as Brazilian Portuguese and video-editing. And if things turn south, having a PhD in atmospheric science will be a tremendous fallback.

But life's too short to be doing something full-time that you have zero passion for. It hurts you of course, but it also hurts your work, your colleagues, your customers, and your company.

They say that happiness comes at the triple-intersection of what you're good at, what you enjoy, and what the world needs. For the first time in a while, I can say that I'm vocationally happy. What a joyous, small advantage.

entretenimento, as pessoas valorizam a honestidade e a simplicidade, talvez mais do que nunca.

Foi uma correria para terminar o meu doutorado: eu tinha tomado a decisão de focar no SmallAdvantages em tempo integral depois da defesa da minha tese, quando já estaria ganhando dinheiro suficiente com os anúncios no YouTube e patrocínios dos vídeos, o que tornou essa decisão um pouco mais fácil. Ao escrever a minha tese, eu me sentia como se fosse um carro que tinha ficado sem combustível e estava tentando chegar com dificuldade ao posto de gasolina. Ainda não sei como consegui chegar até a bomba de gasolina, mas defendi com sucesso a minha tese em 8 de setembro de 2016. E agora, hoje: o primeiro dia oficial da minha nova carreira.

Tenho dificuldade em explicar essa transição para as pessoas. Os meus pais me apoiaram, a minha esposa Lauren tem sido incrivelmente encorajadora, mas a maioria das pessoas pergunta por que eu jogaria fora uma carreira para a qual eu tinha gastado dez anos me preparando. Mas eu não sinto que esses dez anos de educação superior foram desperdiçados. Eu aproveitei a minha vida durante todo esse tempo; aprendi muito, pude viajar, conheci pessoas incríveis, eu me casei e tive tempo livre para desenvolver hobbies, como aprender português brasileiro e edição de vídeos. E se as coisas derem errado, ter um doutorado em ciências atmosféricas será uma tremenda carta na manga.

Porém, a vida é curta demais para fazer, por tempo integral, algo pelo que você não tem nenhuma paixão. Isso machuca você, mas também machuca o seu trabalho, os seus colegas, os seus clientes e a sua empresa.

Dizem que a felicidade é feita de uma interseção tripla daquilo em que você é bom, do que você gosta de fazer e do que o mundo precisa. Pela primeira vez em um bom tempo, posso dizer que estou vocacionalmente feliz. Que vantagenzinha boa, essa!

02

HOW NOT TO REPLY
TO *WHAT'S UP!*

"What's up!" This is how I start most informal conversations, both spoken and written, and although it's technically a question, it's such a cheerful American greeting that it's often punctuated with an exclamation mark instead.

I've heard many Brazilians respond to this greeting as if they were responding to the question, "How are you?" For example: "I'm fine, thank you," and then, "How are you?" This sounds extremely awkward!

What's up! literally means *O que está em cima?* but actually means *O que está acontecendo com você?* However, rarely does a person exclaiming "What's up!" want to know the details of your day. We Americans use *What's up!* in the same way that Brazilians use *Tudo bem?* or *E aí!* as a simple greeting, a *hey*, an *oi*, a recognition that I see you, and I would like to talk to you. Just imagine someone responding to "E aí!" with "Tô bem, e você?" – it would be super weird!

Remember that the response to "What's up!" is almost always one of two things: "Not much" or another "What's up!"

By saying "not much" you are saying *não muito*, an implication that things are more or less the same since you last spoke. It's only when the circumstances have wildly changed that you might answer with something like, "I just won the lottery!" or "I just threw up, actually." You would never respond to "What's up!" with a mundane declaration such as, "Well, I went to school today. I'm a little hungry right now, but generally things are good."

If you're feeling really friendly, you could respond to "What's up!" with "Not much, what's up with you?" but beyond that, hearing a different response is as rare as hearing a response to "Tudo bem?" other than "Tudo bem."

COMO NÃO RESPONDER A *WHAT'S UP!*

"What's up!". É assim que eu começo a maioria das conversas informais, tanto faladas quanto escritas, e, embora tecnicamente seja uma pergunta, é uma saudação americana tão animada que normalmente é pontuada com um ponto de exclamação.

Eu ouvi muitos brasileiros responderem a essa saudação como se estivessem respondendo à pergunta "como vai?". Por exemplo: "vou bem, obrigado" e, depois, "como vai?". Isso soa extremamente esquisito!

What's up! literalmente significa "o que está em cima?", mas na verdade significa "o que está acontecendo com você?". Contudo, raramente uma pessoa exclamando "What's up!" quer saber os detalhes do seu dia. Nós, americanos, usamos "what's up!" da mesma maneira que os brasileiros usam "Tudo bem?" ou "E aí!", como uma simples saudação, um "Hey", um "Oi", um reconhecimento de que estou vendo você e que gostaria de conversar. Apenas imagine alguém respondendo a "E aí!" com "Tô bem, e você?" – isso seria superestranho!

Lembre-se de que a resposta para "what's up!" é quase sempre uma das duas opções: "not much" ou outro "what's up!".

Ao dizer "not much", você está dizendo "não muito", implicando que as coisas estão mais ou menos na mesma, desde que vocês se falaram pela última vez. É só quando as circunstâncias mudaram completamente que você pode responder com algo como "Acabo de ganhar na loteria!" ou "Acabo de vomitar, na verdade". Você nunca responderia a "What's up!" com uma declaração corriqueira como: "Bem, fui à escola hoje. Estou com um pouco de fome agora, mas, em geral, as coisas vão bem.".

Se quiser ser realmente simpático, você poderia responder a "What's up!" com "Not much, what's up with you?" (Nada de mais, e

… But if you're feeling playful, you could surprise a native speaker by whipping out one of the one-liners that precocious American children use, imagining that the question "What's up!" is literally asking what is high or above you:

"The sky!"
"The ceiling!"
"My blood pressure!"
"Your blood pressure!"

Making someone laugh is an important step in your language learning journey, and such a response to "What's up!" would be so unexpected from an adult foreigner yet so perfect that it'd be hard to imagine they wouldn't crack a smile.

contigo?), ouvir outra resposta é tão raro como ouvir uma resposta para "Tudo bem?" que não seja "Tudo bem".

Porém, se você quiser ser brincalhão, pode surpreender um falante nativo soltando um dos gracejos que crianças americanas precoces costumam usar, imaginando que a pergunta "What's up!" literalmente seja o que está sobre ou acima de você:

"The sky!" (O céu!)
"The ceiling!" (O teto!)
"My blood pressure!" (Minha pressão!)
"Your blood pressure!" (Sua pressão!)

Fazer alguém rir é um passo importante na sua jornada de aprendizado de idiomas, e uma resposta assim para "What's up!" seria tão inesperada vindo de um estrangeiro adulto, e ao mesmo tempo tão perfeita, que seria difícil imaginar que a pessoa não abriria um sorriso!

03

HOW TO GROW OUT OF YOUR LANGUAGE **RUT**

I bought my first Portuguese textbook in 2011. A magical new world looked back at me as I cracked its cover for the first time and gazed at the pages, full of foreign and romantic-looking words (such as *maçã*), grammar rules to be studied (such as the future subjunctive), and conjugation tables to be committed to memory (*fazer*... don't even get me started).

Two years later on a Tuesday night in August, head in hand as I stared at the same textbook in front of me, bored out of my mind, I came to a sudden realization: I'm sick of Portuguese. I'm not making progress. And I'm definitely not having fun.

In English we call this a *rut* – a repetitive scenario in which you're feeling discouraged and stuck like a truck in mud. I had studied that same book over and over again for two years, and when I stopped feeling like I was making progress I chalked it up to not dedicating enough time to my study routine. I was in a language rut. I ceased all Portuguese studying, frustrated by my apparent failure. And life went on.

Lauren and I celebrated our first wedding anniversary a few weeks later. She gave me two Brazilian cookbooks, and for several months my only contact with Portuguese was attempts at recreating Brazilian recipes in the tiny kitchen of our apartment. I learned how to say *tablespoon* and *teaspoon*. I made *caipirinhas* and *brigadeiros, baião de dois* and *arroz carreteiro, moqueca capixaba* and *virado à paulista*. More than once I had to throw the entire meal in the garbage. Whoops.

What I ultimately gained during this culinary escapade, besides a few cooking skills and a better understanding of regional food culture in

03

COMO ESCAPAR DE UMA *RUT*

Eu comprei o meu primeiro livro didático de português em 2011. Um novo mundo mágico se revelou diante dos meus olhos, quando eu abri o livro pela primeira vez e encarei as páginas cheias de palavras estranhas e aparentemente românticas (como *maçã*), regras gramaticais a serem estudadas (como o futuro do subjuntivo) e tabelas de conjugação para serem decoradas (como o verbo *fazer*… Aff, nem me fale).

Dois anos depois, em uma terça-feira à noite, em agosto, com as mãos na cabeça, encarando o mesmo livro didático diante de mim, pra lá de entediado, de repente me dei conta de uma coisa: não aguento mais português. Não estou progredindo. Definitivamente, não estou me divertindo.

Em inglês, chamamos isso de *rut* – um cenário repetitivo no qual você se sente desencorajado e preso, como um caminhão atolado na lama. Eu tinha estudado esse mesmo livro várias vezes por dois anos e, quando parei de sentir que estava progredindo, acabei me culpando por não ter dedicado tempo suficiente à minha rotina de estudos. Eu tinha caído em uma *rut*, uma rotina linguística entediante. Eu parei todo o meu estudo de português, frustrado com o meu aparente fracasso. E a vida seguiu em frente.

Lauren e eu celebramos o nosso primeiro aniversário de casamento algumas semanas depois. Ela me deu dois livros de receitas brasileiras, e por vários meses o meu contato com o português foram tentativas de recriar receitas brasileiras na pequena cozinha do nosso apartamento. Eu aprendi como dizer *colher de sopa* e *colher de chá*. Eu fiz caipirinhas e brigadeiros, baião de dois e arroz carreteiro, moqueca capixaba e virada à paulista. Tive que jogar fora toda a refeição mais de uma vez. Ops… Foi mal!

Brazil, was the desire to return to my conjugation tables (*fazer, fiz, fazia, fizesse, faça, fá-lo-ei*) a renewed interest in the native tongue of the food I was cooking. In November, three months after last opening that grammar book, I rebegan my study of Portuguese grammar with the same fervor and dedication that I had felt when I opened my textbook for the first time.

What had happened?

Imagine that you're tasked with tending to a new vegetable garden. During the first year the garden thrives. The plants easily draw nutrients from the virgin soil and everyone comments on the enormous vegetables. The following year the soil contains fewer nutrients, but still enough to support a healthy crop of peppers and tomatoes. With the nutrient drain of each successive year, however, the soil becomes too depleted to support even the hardiest of zucchinis.

When you embark on the journey of learning a foreign language, everything is new and exciting. Motivation to continue studying comes easily. But after years of dedication, motivation can become a scarce resource. In the same way that we should add fertilizer and compost to soil to keep a garden productive, we should add fresh activities and new experiences to keep ourselves motivated when learning a new language, or practicing piano, or picking up woodworking, or studying to be a lawyer. It seems so obvious now, but at the time it felt revolutionary, that this fresh deviation is the way out of the rut.

When my YouTube subscribers ask me how to get out of their own language ruts, this is what I always tell them: Drop everything. Change everything. Extreme deviation from your learning routine is the spark that will reignite your motivation – motivation that will fuel your ongoing dedication to the more mundane, but nevertheless important, grammatical and syntactical aspects of learning a foreign language.

No fim das contas, o que ganhei com essa aventura culinária, além de algumas habilidades na cozinha e um melhor entendimento da cultura gastronômica regional do Brasil, foi o desejo de voltar às minhas tabelas de conjugação (*fazer, fiz, fazia, fizesse, faça, fá-lo-ei*) e um interesse renovado na língua nativa da comida que eu estava cozinhando. Em novembro, três meses depois de abrir pela última vez aquele livro de gramática, retomei o meu estudo da língua portuguesa com o mesmo fervor e dedicação que eu tinha sentido quando o abri pela primeira vez.

O que tinha acontecido?

Imagine que você está encarregado de cuidar de uma nova horta. Durante o primeiro ano, a horta cresce. As plantas retiram facilmente os nutrientes do solo virgem e todos comentam sobre as plantas crescidas. No ano seguinte, o solo contém menos nutrientes, mas ainda o suficiente para sustentar uma plantação saudável de pimentas e tomates. Contudo, com cada vez menos nutrientes a cada ano que passa, o solo fica empobrecido demais para sustentar até a abobrinha mais resistente.

Quando você embarca em uma jornada para aprender uma língua estrangeira, tudo é novo e empolgante. A motivação para continuar estudando vem facilmente. Mas depois de anos de dedicação, ela pode se tornar um recurso escasso. Da mesma maneira que deveríamos adicionar fertilizante e adubo ao solo para manter uma horta produtiva, deveríamos adicionar atividades diferentes e experiências novas para nos mantermos motivados para aprender uma nova língua, ou praticar piano, ou melhorar na carpintaria, ou estudar para ser um advogado. Parece tão óbvio agora, mas, naquela época, pareceu revolucionário que esse desvio renovado fosse o caminho para sair da *rut*, da rotina entediante.

Moreover, this process of deviation to regain motivation has a pleasant side effect when you're studying a foreign language: you end up learning a whole heck of a lot about the culture of that language, whether it's the food, the art, history, music, drama, film, pop culture, etc.

When I arrived in Brazil for the first time in 2014 the locals I met in Salvador were surprised to discover that a gringo knew what acarajé was, and knew how to order this typical Bahian street food in Portuguese. Instant friendships with Brazilians came easily, not only because I was speaking their mother tongue but also because I was capable of understanding Brazilian cultural references and could converse about things other than the menu, the price, or the way to the bathroom.

I frequently share my cultural discoveries about Brazil on Instagram and YouTube, eager for my followers to share in the fresh excitement and perhaps see a portion of their own culture in a renewed light. Many of the Brazilians who comment on these social media posts are in disbelief that a gringo would value or be interested in *vatapá*, in Clarice Lispector, in Secos e Molhados, in Tiradentes, in *Orfeu Negro*. But the way I see it, it'd be downright weird not to value the culture of the language you're studying. Every student should inherently come away from his or her language-learning experience with a virtual mountain of such cultural wealth to appreciate and to share with native speakers.

Learning a language means learning a culture. The two are nearly impossible to separate, nor should they indeed be separated.

Within the next six months I challenge you to drop everything, to change everything, and to find your own fertilizer. If you're learning American English, memorize and recite a Robert Frost poem. Make grilled cheese and tomato soup for lunch. Learn a song by the band Cake on the guitar. Read about the Oregon Trail on Wikipedia ... in English. Watch *Citizen Kane* with no subtitles. Challenge yourself to

Quando os inscritos do meu canal do YouTube me perguntam como escapar das suas *ruts*, isso é o que eu sempre lhes digo: pare tudo. Mude tudo. Um desvio radical na sua rotina de aprendizado é a faísca que vai reacender a sua motivação – a motivação que vai alimentar a sua contínua dedicação para os aspectos gramaticais e sintáticos mais mundanos, porém importantes, do aprendizado de uma língua estrangeira.

Além disso, esse processo de desviar para recuperar a motivação tem um agradável efeito colateral quando se está estudando uma língua estrangeira: você acaba aprendendo um monte de coisas sobre a cultura daquela língua, independentemente de ser comida, arte, história, música, teatro, cinema, cultura pop, etc.

Quando cheguei ao Brasil pela primeira vez, em 2014, os moradores locais que conheci em Salvador ficaram surpresos ao descobrirem que um gringo sabia o que era um acarajé, e pedir essa comida de rua tipicamente baiana em português. Foi fácil fazer amizades instantâneas com brasileiros, não apenas porque eu estava falando a língua nativa deles, mas também porque eu conseguia entender as referências culturais brasileiras e podia conversar sobre coisas que não fossem o menu, o preço ou o caminho para o banheiro.

Com frequência, compartilhei as minhas descobertas culturais sobre o Brasil no Instagram e no YouTube, ansioso para os meus seguidores compartilharem o entusiasmo revigorado e talvez virem uma parte da sua própria cultura sob uma ótica renovada. Muitos dos brasileiros que comentam nesses *posts* de mídia social não acreditam quando um gringo valoriza ou se interessa por vatapá, Clarice Lispector, Secos e Molhados, Tiradentes, *Orfeu Negro*. Mas, do modo como eu vejo, seria muito estranho não valorizar a cultura da língua que você está estudando. Todo estudante deveria inerentemente sair da sua experiência de aprendizado

rely on your English to accomplish a task. Challenge yourself to do something you've never done before.

Most of all, challenge yourself to get out of your language rut and have fun again, because learning a language should never, ever, ever be a chore.

linguístico com uma montanha virtual dessa riqueza cultural para apreciá-la e compartilhá-la com falantes nativos.

Aprender uma língua significa aprender uma cultura. As duas coisas são quase impossíveis de separar e, de fato, nem deveriam ser separadas.

Nos próximos seis meses, eu desafio você a parar, mudar tudo e encontrar o seu próprio fertilizante. Se você estiver aprendendo inglês americano, decore e recite um poema de Robert Frost. Faça queijo grelhado e sopa de tomate para o almoço. Aprenda uma música da banda Cake no violão. Leia sobre a Rota de Oregon na Wikipédia, em inglês. Assista ao filme *Cidadão Kane* sem legendas. Desafie-se a confiar no seu inglês para cumprir uma tarefa. Desafie-se a fazer algo que nunca fez.

Acima de tudo, desafie-se a sair da sua *rut* e divertir-se outra vez, porque aprender uma língua nunca, jamais, deveria ser um fardo.

04

3 CONVERSATIONS
I **NEVER** HAD

An unexpected opportunity for me to speak Portuguese arose about one year after I resolved to learn the language, a chance to exchange words with a real-life, flesh-and-blood Brazilian in the United States. Alone in a grocery store in Colorado, contemplating cheddars, I suddenly heard the unmistakable timbre of a Romance language floating from the mouths of two young women not thirty feet to my right. I had listened to enough CBN Radio to recognize the melodic lilt of Brazilian Portuguese, and upon hearing the word *queijo* I knew for certain that this was my moment – my first conversation in the wild! How would I approach them? What casual topic of conversation could I introduce that would come off as friendly but not creepy? I racked my brain for Portuguese dairy vocabulary and convinced myself that I could remember how to conjugate the verb *ser* in the heat of the moment.

And the moment… never happened. As I worked myself into a bundle of nerves in front of the cheeses and my sweaty palms blurred the blue ink of my shopping list, the delightfully unaware girls sidled off down a nearby aisle. I remained frozen in the fluorescent light, too timid to talk. I'm not typically a shy person, and I kicked myself for my lack of courage.

Six months later the opportunity for my first conversation again arrived, this time near the campus of Colorado State University. The bus that I was on was almost empty, and as I stared out the window, daydreaming, I suddenly recognized the Brazilian Portuguese of the chattering couple in front of me.

I descended into the same mental turmoil. How do I approach them? What's my leadoff sentence? Am I a creeper? I froze up, and never said a word to them.

04

3 CONVERSAS QUE EU **NUNCA** TIVE

Uma oportunidade inesperada para eu falar português surgiu em torno de um ano depois que resolvi aprender a língua: uma chance de trocar palavras com um brasileiro de carne e osso, na vida real, nos Estados Unidos. Sozinho em um mercadinho no Colorado, contemplando cheddars, de repente ouvi o timbre inconfundível de uma língua românica saindo da boca de duas jovens a menos de nove metros à minha direita. Eu tinha escutado a rádio CBN o suficiente para reconhecer a cadência melódica do português brasileiro e, ao ouvir a palavra *queijo*, eu sabia com certeza que era a minha hora – a minha primeira conversa na natureza selvagem! Como eu iria abordá-las? Que tópico casual de conversa eu poderia introduzir que sairia de modo amigável em vez de assustador? Vasculhei minha mente em busca de vocabulário relativo a laticínios em português e me convenci que podia me lembrar de como conjugar o verbo *ser* no calor do momento.

E o momento... nunca aconteceu. Enquanto eu me preparava, estava uma pilha de nervos diante dos queijos, e as minhas mãos suadas borravam a tinta azul da minha lista de compras. As moças, que estavam encantadoramente desatentas, avançaram para um corredor próximo. Permaneci congelado sob a luz fluorescente, tímido demais para falar. Normalmente, não sou uma pessoa tímida, e fiquei desapontado comigo mesmo pela minha falta de coragem.

Seis meses depois, a oportunidade para a minha primeira conversa surgiu novamente. Dessa vez, perto do campus da Universidade Estadual do Colorado. O ônibus que eu tinha pegado estava quase vazio e, enquanto eu olhava distraído pela janela, sonhando acordado, de repente reconheci o português brasileiro do casal que conversava à minha frente.

Just as this second chance at a conversation went unfulfilled, so did my third, two months later, in the Denver airport bound for New York City. I simply couldn't muster the cool-mindedness to speak to the girl sitting at the charging station in front of me in the departure lounge as she fired off WhatsApp voice messages. With this third failed encounter under my belt, I felt the same shame that I had felt as a teenager when I failed to work up the courage to hold my first date's hand by the end of *Final Destination 2*.

Lauren and I boarded the plane in Denver, ready to ring in the New Year in New York. It would be my first time in the Big Apple, a city with a thousand cultures packed into a hundred neighborhoods. Still heavy with regret from the airport conversation that never was, I proposed a solution to Lauren: A Brazilian steakhouse for dinner because, by God, at least I had several hours to imagine how I would bare my fragile soul to a Brazilian waiter. I was already nervous again. I buckled my seat belt.

Five hours later we walked into Fogo de Chão in Midtown Manhattan and sat down around a big circular table with five other friends. Our silver-haired *garçom* took our drink orders one by one. I wanted red wine, and it was almost my turn to say so. With sweaty hands I twisted the cloth napkin on my lap. The scratch of a pen on a pad of paper, and then the waiter turned to me for my order. I opened my mouth, and out tumbled my very first sentence spoken to a Brazilian: "Eu estou aprendiendo português, entao eu gostaria de pedir en português."

The waiter paused for what seemed like ten seconds. His eyes widened and a smile spread across his face as he gleamed back at me: "Muito bem!"

The rest of the dinner I continued to speak in broken Portuguese. I was slightly less nervous, and I remembered to order *vinho tinto* instead of *vinho vermelho*. I even knew how to respond to the *churrasqueiros* when they asked, "Só isso?"

"Só." Not bad for a second-year Portuguese student! I made mistakes, and I'm sure my accent was quite thick, but afterwards I could finally say that I had had my first *conversa*.

Every language learner must pass through this harrowing moment, this first conversation in the wild. It is not optional; it is a toll to be paid on the road to fluency in a foreign language.

It took me four tries to pay the first toll and continue on my journey. Along the way I encountered many more tolls, many more

Então, caí no mesmo turbilhão mental. Como vou abordá-los? Qual é a minha frase de abertura? Será que sou um cara esquisito? Congelei, e não disse uma palavra para eles.

Assim como essa segunda chance de uma conversa foi por água abaixo, a minha terceira também foi, dois meses depois, durante uma escala no aeroporto de Denver, indo para a cidade de Nova Iorque. Eu simplesmente não consegui ser extrovertido o suficiente para falar com uma garota sentada perto do totem carregador à minha frente no saguão de partidas, enquanto ela enviava mensagens de voz no WhatsApp. Com esse terceiro encontro fracassado na minha conta, senti a mesma vergonha de quando era adolescente e não conseguia criar coragem para segurar na mão da minha primeira namorada na sessão do filme *Premonição 2*.

Lauren e eu embarcamos no avião em Denver, prontos para comemorar a virada do ano em Nova Iorque. Seria a minha primeira vez na Grande Maçã, uma cidade com mil culturas amontoadas em cem bairros. Ainda cheio de remorso pela conversa do aeroporto que nunca aconteceu, propus uma solução para a Lauren: uma churrascaria brasileira para o jantar, porque, pelo amor de Deus, pelo menos eu teria várias horas para imaginar como eu abriria a minha frágil alma a um garçom brasileiro. Eu já estava nervoso outra vez. Apertei o meu cinto de segurança.

Cinco horas depois, entramos no Fogo de Chão em Midtown Manhattan e nos sentamos ao redor de uma grande mesa circular com cinco amigos. Um garçom grisalho pegou os nossos pedidos de bebidas um por um. Eu queria vinho tinto, e estava quase na minha vez de dizer isso. Com as mãos suadas, torci o guardanapo de pano que estava no meu colo. A caneta fez barulho em um bloquinho de papel, e depois o garçom se virou para mim para ouvir o meu pedido. Eu abri a minha boca, e então saiu a primeiríssima frase dita a um brasileiro: "Eu estou *aprendiendo* português, *entao* eu gostaria de pedir *en* português".

O garçom fez uma pausa, que pareceu durar dez segundos. De olhos esbugalhados e um sorriso de orelha a orelha, olhando para mim, ele disse: "Muito bem!".

No resto do jantar, continuei arranhando no português. Eu estava um pouco menos nervoso, e me lembrei de pedir *vinho tinto* em vez de *vinho vermelho*. Eu sabia até responder aos churrasqueiros quando perguntavam: "Só isso?"

"Só". Nada mal para um estudante de português de segundo ano! Eu cometi erros, e tenho certeza de que o meu sotaque era bem

nervous conversations filled with mistakes, but I eventually did achieve fluency, and confidence, in Brazilian Portuguese (remembering that fluency does not mean perfection).

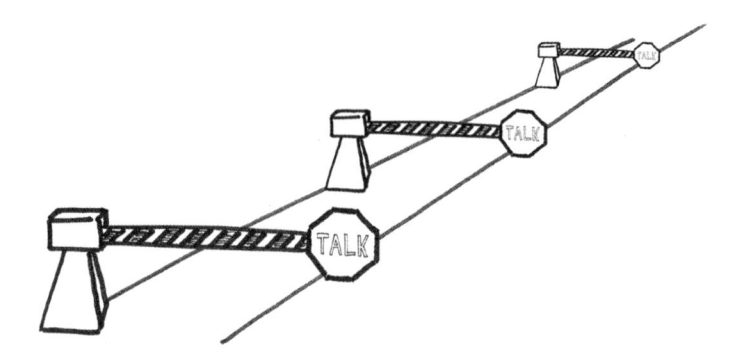

Reflecting on my road to fluency, I recognize that my initial hesitance to speak stemmed from a certain pride, an unwillingness to make mistakes and possibly appear stupid. I now see this same trait in Brazilians learning English: this prideful unwillingness to take the risk, to pay the first toll, to have the first conversation. It's the reason that so many English students in Brazil are able to read *New York Times* articles and understand American TV shows but freeze up when the time arises to open their mouths and just speak.

This detrimental pride first appears in adolescence, when we become aware of the malleability of others' opinions of us. The desire arises to expose only our best traits to others, and we do our best to hide our quirks and imperfections. This is of course beneficial both in professional situations and on first dates. But this pride also mucks up language learning, in which one must make thousands of public mistakes in order to register thousands of little successes. The lack of adolescent pride is the main reason young children pick up second and third languages with ease while adults struggle and often give up, stuck in their language journey at the first tollbooth, their first conversations unrealized.

The English mistakes you will inevitably make are not just something to be begrudgingly accepted as an unfortunate byproduct of learning a foreign language – these mistakes are something to be embraced as tangible steps toward English fluency, tiny markers of real progress. But if you're a perfectionist like me, the thought of making

carregado, mas depois finalmente consegui dizer que tinha tido a minha primeira conversa.

Todo aprendiz de idiomas deve passar por esse momento angustiante, essa primeira conversa na natureza selvagem. Isso não é opcional; é um pedágio a ser pago na estrada para a fluência em uma língua estrangeira.

Precisei de quatro tentativas para pagar o primeiro pedágio e continuar a minha jornada. Ao longo do caminho, encontrei muitos outros pedágios, muitas outras conversas nervosas cheias de erros, mas, por fim, alcancei a fluência e a confiança no português brasileiro (lembrando que fluência não significa perfeição).

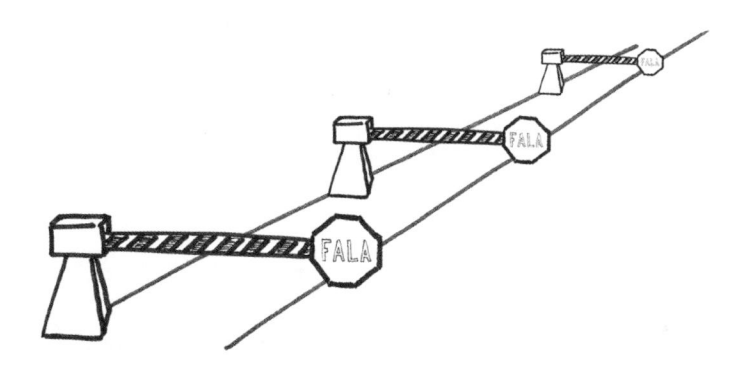

Refletindo sobre a minha estrada para a fluência, reconheço que a minha hesitação inicial em falar se originava de um certo orgulho, uma relutância em cometer erros e, possivelmente, de parecer estúpido. Agora, vejo esse mesmo traço nos brasileiros que aprendem inglês: essa relutância orgulhosa em correr o risco, pagar o primeiro pedágio, ter a primeira conversa. É o motivo pelo qual tantos alunos de inglês brasileiros, embora sejam capazes de ler artigos do *The New York Times* e entender programas da TV americana, congelam quando chega a hora de abrir as suas bocas e simplesmente falar.

Esse orgulho prejudicial aparece primeiro na adolescência, quando ficamos conscientes da maleabilidade das opiniões dos outros sobre nós. Então, surge o desejo de expor apenas os nossos melhores traços aos outros, e fazemos o máximo para esconder os nossos pontos

mistakes before strangers still makes your hands sweat through your shopping list. Pride is hard to unlearn, and knowing you're about to experience a long series of failures is incredibly hard to prepare for.

There's no getting around it: you will be nervous during your first conversation. You will probably be nervous during your second, thirteenth, and fortieth conversations, too. But like a puddle in the desert, your nervousness will in time dissipate into nothing. The absolute toughest toll to pay is the very first one, the most nerve-wracking conversation the first one.

So, embrace the experience! Be nervous. Pay the toll. Unlearn your pride and seize the opportunity to have a conversation, whether you're on vacation in Orlando, on Jericoacoara with a British tourist, or online with a new Australian conversation partner.

Just talk! 99% of the time you will make mistakes, but 99% of the time both you and your unsuspecting listener will be glad you tried.

Muito bem!

fracos e imperfeições. Claro que isso é benéfico tanto em situações profissionais quanto em primeiros encontros. Porém, esse orgulho também atrapalha o aprendizado de idiomas, em que é preciso cometer milhares de erros públicos para registrar milhares de pequenos sucessos. A falta de orgulho adolescente é o principal motivo pelo qual crianças pequenas aprendem um segundo e terceiro idioma com facilidade, diferente dos adultos que se esforçam e muitas vezes desistem, parados na sua jornada linguística na primeira cabine de pedágio, nas primeiras conversas não realizadas.

Os erros em inglês, que você vai inevitavelmente cometer, não são apenas algo para ser aceito a contragosto como um subproduto infeliz de se aprender uma língua estrangeira – esses erros são algo para abraçarmos como passos tangíveis em direção à fluência no idioma, minúsculos marcadores do progresso verdadeiro. Contudo, se você for um perfeccionista como eu, a ideia de cometer erros diante de estranhos ainda faz as suas mãos suarem e molharem a lista de compras. O orgulho é difícil de desaprender, e, sabendo que você está prestes a experimentar uma longa série de falhas, é incrivelmente difícil preparar-se para isso.

Não tem como evitar: você ficará nervoso durante a sua primeira conversa. Você provavelmente ficará nervoso durante a segunda, a décima terceira e a quadragésima conversa também. Porém, como uma poça no deserto, o seu nervosismo, com o tempo, será dissipado e desaparecerá. Certamente, o pedágio mais difícil de pagar será o primeiro, e a conversa mais desgastante será a primeira.

Então, abrace a experiência! Fique nervoso. Pague o pedágio. Desaprenda o seu orgulho e aproveite a oportunidade de ter uma conversa, quer esteja tirando férias em Orlando, em Jericoacoara com um turista britânico, ou on-line com um novo parceiro de conversa australiano.

Simplesmente fale! Em 99% das vezes, você cometerá erros, mas em 99% das vezes, tanto você quanto o seu interlocutor desavisado ficarão felizes que você tenha tentado.

Very well!

05

MY **FIRST LUNCH**
IN BRAZIL

On June 10, 2014, I went on my first date with Brazil. I felt the first caress of her tropical air as I stepped off the airplane and onto the jetway at Dep. Luís Eduardo Magalhães International Airport in Salvador. I gazed with wonder at the floor-to-ceiling advertisements in the terminal, bright white words peppered with the exotic diacritics of the Portuguese language: Accents, tildes, cedillas. It was a first date I had rehearsed many times, but I was still nervous, or giddy perhaps, and deep in my stomach I felt the guarded tenseness of inhabiting a foreign space.

One year prior to this deplaning we had decided to enter the ticket lottery for the World Cup in Brazil: my wife, five of our American friends, and me. We badly craved an adventure, and three months later we received the thrilling news that our lottery entry was successful. We would be attending Spain *vs*. Netherlands at Arena Fonte Nova in Salvador on June 13, 2014.

I had been studying Brazilian Portuguese with moderate interest since 2011, and I sometimes daydreamed about going to Brazil. When we found out that we were headed to Brazil with 100-percent certainty, it was as though a fire had been lit inside of me. I couldn't stop thinking

05

MEU **PRIMEIRO** **ALMOÇO** NO BRASIL

Em 10 de junho de 2014, parti para o meu primeiro encontro com o Brasil. Senti a primeira carícia do seu ar tropical quando desci do avião e passei pelo desembarque no Aeroporto Internacional Deputado Luís Eduardo Magalhães, em Salvador. Observei maravilhado as propagandas do chão até o teto no terminal, palavras brancas, brilhantes, salpicadas com os diacríticos exóticos da língua portuguesa: acentos, tis, cedilhas. Era um primeiro encontro para o qual eu tinha ensaiado muitas vezes, mas ainda estava nervoso, ou zonzo, talvez, e, no fundo do meu estômago, senti a tensão acumulada de habitar um espaço estranho.

Um ano antes desse desembarque, tínhamos decidido participar do sorteio de ingressos para a Copa do Mundo no Brasil: minha esposa, cinco dos nossos amigos americanos e eu. Ansiávamos muito por uma aventura, e, três meses depois, recebemos a notícia empolgante de que a nossa inscrição no sorteio foi bem-sucedida. Assistiríamos ao jogo Espanha *vs.* Holanda na Arena Fonte Nova, em Salvador, em 13 de junho de 2014.

about Brazil and about Portuguese, and the hours I spent *not* studying Portuguese suddenly started feeling like wasted time.

I knew that when I stepped off the plane in Salvador I would be stepping into the role of translator for the first time in my life. My six friends would be relying on me to translate for them, six Americans whose collective knowledge of the Portuguese language amounted to precisely one word: *obrigado*. I was at times sick with worry that I would fail this linguistic task, and this was fantastic motivation to keep studying. The day we boarded our plane to Brazil I was still far from fluent, but I felt that my vocabulary was sufficient to get directions and order food.

At the airport in Salvador my friends joked that I was the shepherd and they were the sheep. I read signs and steered our cluster of displaced Americans toward baggage claim. I collected everyone's IDs and retrieved our World Cup tickets at a temporary stand set up in the arrivals hall, exchanging words with two Brazilian girls who were relieved that, finally, a foreign tourist spoke some Portuguese (they didn't know how to say *dobrar* in English and were desperately trying to figure out how to tell English-speaking ticketholders not to fold their tickets).

Our next mission was to find transportation to our hotel. I felt a surge of importance as the seven of us approached three or four Bahian cabbies standing next to a row of idle taxis outside, and everyone turned to me to communicate pieces of information to each other. This, I discovered, is the joy of being bilingual. It is the honor of being privy to both conversations, coupled with the prideful notion that without me this interaction would be much harder. These feelings were a welcome reward after years of diligent study. Price negotiated, I gave myself a mental pat on the back as we climbed in the taxi van and rumbled off toward Lauro de Freitas, a beachside suburb of Salvador.

Eu estava estudando português brasileiro com um certo interesse desde 2011, e, às vezes, sonhava acordado em ir para o Brasil. Quando descobri que iríamos para lá com 100% de certeza, foi como se um fogo tivesse se acendido dentro de mim. Eu não conseguia parar de pensar no Brasil e no português, e as horas em que eu não estava estudando a língua, de repente, começaram a parecer tempo perdido.

Eu sabia que, quando saísse do avião em Salvador, estaria entrando no papel de tradutor pela primeira vez na minha vida. Os meus seis amigos estariam confiando em mim para traduzir para eles, seis americanos cujo conhecimento coletivo do idioma português somava precisamente uma palavra: *obrigado*. Às vezes, eu ficava muito preocupado em fracassar nessa tarefa linguística, e essa era uma motivação fantástica para continuar estudando. No dia em que embarcamos para o Brasil, eu ainda estava longe de ser fluente, mas sentia que o meu vocabulário era suficiente para pedir informações e comida.

No aeroporto de Salvador, meus amigos brincavam dizendo que eu era o pastor e eles eram as ovelhas. Eu lia placas e orientava o nosso grupo de americanos deslocados em direção à coleta de bagagens. Eu peguei as identidades de todos e retirei os ingressos da Copa do Mundo em um estande temporário montado no saguão de chegadas, trocando palavras com duas meninas brasileiras que ficaram aliviadas que, finalmente, um turista estrangeiro falasse um pouco de português (elas não sabiam como dizer *dobrar* em inglês e estavam tentando desesperadamente descobrir como dizer aos falantes de inglês para não dobrarem os ingressos).

A nossa missão seguinte foi encontrar transporte para o hotel. Senti uma onda de importância à medida que nós sete nos aproximávamos de três ou quatro taxistas baianos parados perto de uma fila de táxis; e todos se voltavam para mim para comunicar algumas informações uns para os outros. Eu descobri que esta é a alegria de ser bilíngue: é a honra de ser exclusivo para ambas as conversas, associado com a noção orgulhosa de que, sem mim, essa interação seria muito mais difícil. Esses sentimentos foram uma recompensa bem-vinda depois de anos de estudo diligente. Com o preço negociado, eu me dei um tapinha nas costas mentalmente, enquanto subíamos na van e partíamos para Lauro de Freitas, um município praiano da região metropolitana de Salvador.

After checking in at our little hotel, we ate our first true meal in Brazil under the red and white awning of a sidewalk café a few blocks from the ocean. There were three things on the lunch menu that day: *bife* (beef), *bisteca* (pork), and a dish I didn't recognize: *frango frito*. My friend turned to me and asked, "What's *frango*?" I didn't know the answer to his question, and I had left my pocket dictionary in my suitcase. Not wanting to lose my reputation as the omniscient translator, I pretended I knew. "Uhhhh, it's a type of beef. A different cut, I think." I so badly wanted to be perfectly fluent, and felt that I was so close, that it became a bad habit of mine to pretend I understood everything, even when I had no idea what was going on.

Three of my friends decided they wanted *frango*, that mysterious cut of beef, and I confidently communicated the order to the waitress. Twenty minutes later out came the rice, out came the beans, and out came, for my friends who had ordered *frango*... chicken. Three plates of chicken. No one was more surprised than me. *Frango* means chicken? I had been teaching myself Portuguese for the last three years but I had never come across this everyday word?!

I was ashamed to have my guise of infallibility wrested away. I was also deeply startled that, despite my dedicated preparation, I had somehow neglected such a common noun. How many more unlearned words lurked in the corners of my dictionary, waiting to appear until the most crucial moment? Donald Rumsfeld, former US Secretary of Defense, expressed this concern of the unknown in this way:

> There are known knowns; there are things we know we know. We also know there are known unknowns; that is to say we know there are some things we do not know. But there are also unknown unknowns – the ones we don't know we don't know. ... It is the latter category that tends to be the difficult ones.

Each of us language learners has hundreds of words like this, words we simply don't know we don't know. Worse yet, there's no shortcut for discovering which words these are. The best way to find these unknown unknowns is by putting ourselves in direct contact with the language and its native speakers. When personal interaction is impossible, we must keep writing, reading, and listening. This process is often called

Depois de fazer o check-in na pousada, tivemos a nossa primeira refeição verdadeira no Brasil, debaixo de um toldo vermelho e branco de um café de rua, a algumas quadras do mar. Havia três coisas no cardápio de almoço naquele dia: bife, bisteca e um prato que não reconheci: frango frito. O meu amigo se virou para mim e perguntou: "What's *frango*?". Eu não sabia a resposta para a pergunta dele, e eu tinha deixado o meu dicionário de bolso na minha mala. Sem querer perder a minha reputação de tradutor onisciente, eu fingi que sabia. "Ééé... é um tipo de carne. Um corte diferente, eu acho". Eu queria tanto ser fluente, e senti que estava tão perto, que me acostumei mal a fingir que entendia tudo, até quando eu não fazia ideia do que estava acontecendo.

Três dos meus amigos decidiram que queriam frango, aquele corte misterioso de carne, e eu comuniquei confiantemente o pedido à garçonete. Vinte minutos depois, lá veio o arroz, lá veio o feijão e lá veio aquilo que os meus amigos haviam pedido: frango... *chicken*. Três pratos de frango. Ninguém estava mais surpreso do que eu. Frango significa *chicken*? Eu tinha aprendido português sozinho nos últimos três anos, mas nunca tinha cruzado com essa palavra do dia a dia?!

Senti vergonha de ter o meu disfarce de infalibilidade arrancado. Também fiquei profundamente assustado que, apesar da minha preparação dedicada, de alguma maneira, eu tinha negligenciado um substantivo tão comum. Quantas outras palavras não aprendidas se escondiam nos cantos do meu dicionário, esperando para aparecer no momento mais crucial? Donald Rumsfeld, ex-Secretário de Defesa dos EUA, expressou a preocupação sobre o desconhecido assim (em tradução livre):

> Há conhecimentos conhecidos; há coisas que sabemos
> que sabemos. Também sabemos que há desconhecimen-

studying, but I like to think of it as word-hunting. When I hunt for Portuguese words I am in a cave, grasping at the dark space ahead of me, searching for my elusive unknowns. Every unknown I catch in my net, every word I capture and learn, is a trophy on my shelf, and perhaps an embarrassing moment avoided. In this way I am motivated to keep pushing forward into the darkness ahead of me.

Out again for dinner that first night in Lauro de Freitas I ordered *frango* and experienced the luxury of knowing precisely what I would be receiving from the kitchen. Just after sunset, back at our hotel, the seven of us weary backpackers managed two rounds of cards before retiring to our rooms. Through the open window I heard palm trees rustling in the twilight and the sweet melodies of MPB from a distant radio. I was safe and sound, and, despite the uncertainty that comes with inhabiting a foreign space, all was right with the world – tonight I was falling asleep in Brazil.

tos conhecidos; ou seja, sabemos que há coisas que não sabemos. Mas também há desconhecimentos desconhecidos – aqueles que não sabemos que não sabemos... E é a última categoria que tende a ser a mais difícil.

Cada um de nós, aprendizes de idiomas, tem centenas de palavras como essa, palavras que simplesmente não sabemos que não sabemos. E, pior ainda, não existe atalho para descobrir que palavras são essas. O melhor modo de descobrir esses "desconhecimentos desconhecidos" é nos colocando em contato direto com a língua e os seus falantes nativos. Quando a interação pessoal é impossível, temos que continuar escrevendo, lendo e escutando. Esse processo é frequentemente chamado de estudar, mas eu gosto de pensar nele como um caça-palavras. Quando eu caço palavras em português, estou em uma caverna, tateando o espaço escuro à minha frente, procurando os meus elusivos desconhecimentos. Cada desconhecimento é capturado na minha rede, cada palavra que eu capturo e aprendo é um troféu na minha prateleira, e talvez um momento embaraçoso evitado. Assim, sou motivado a continuar indo adiante, na escuridão à minha frente.

Saindo novamente para jantar naquela primeira noite em Lauro de Freitas, pedi frango e experimentei o luxo de saber precisamente o que receberia da cozinha. Logo depois do pôr do sol, de volta à nossa pousada, nós sete, mochileiros exaustos, jogamos duas rodadas de baralho antes de nos retirarmos para os nossos quartos. Através da janela aberta, ouvi as palmeiras sussurrando no crepúsculo e as doces melodias da MPB de um rádio distante. Eu estava são e salvo, e, apesar da incerteza de estar em um lugar estranho tudo estava certo – naquela noite, eu ia dormir no Brasil.

06
HOW TO **TRANSFORM** AN IDEA INTO A JOB

A question I often receive is why I titled my channel SmallAdvantages instead of something to do with *inglês*. The truth is that I never, ever would've expected that my audience would someday be 95 percent Brazilian. The name came from the title of my blog, *SmallAdvantages*, where I wrote (in English) about ways to live more fully and learn any skill more efficiently. For example, my first blog post was about optimizing one's sleep pattern to maximize creativity. Another post was a 2,321-word comparison between a Fitbit and a Garmin fitness watch. An entry from January 2015: "6 steps to read more books in the New Year." Copied and pasted straight from the main page of the *SmallAdvantages* blog:

The problem is that the world is too interesting.

There is too much knowledge to digest, too many cultures to explore, too many talents to master, and too few hours in a lifetime. But it doesn't have to be this way. Lifehacks free up bits of our time, and mindhacks optimize our ability to learn, to appreciate, and to retain. These small mental advantages make a big difference.

This is an archive of small advantages I've sampled and shared in a variety of endeavors. Let's squeeze more out of our time and talents.

06

COMO **TRANSFORMAR** UMA IDEIA EM UM EMPREGO

Uma pergunta que recebo frequentemente é por que chamei o meu canal de SmallAdvantages em vez de algo que tivesse a ver com inglês. A verdade é que eu nunca, em nenhum momento, imaginei que, algum dia, meu público seria composto por 95% de brasileiros. O nome veio do título do meu blog, *SmallAdvantages*, onde eu escrevia (em inglês) sobre maneiras de se viver mais plenamente e aprender qualquer habilidade de modo mais eficiente. Por exemplo, o primeiro *post* do meu blog foi sobre como otimizar o padrão de sono de alguém para maximizar a criatividade. Outro *post* foi uma comparação, de 2.321 palavras, entre um relógio esportivo Fitbit e um Garmin. Uma publicação de janeiro de 2015: "6 passos para ler mais livros no ano novo". Copiado e colado diretamente da página principal do blog *SmallAdvantages* (em tradução livre):

O problema é que o mundo é interessante demais. Tem muito conhecimento para digerir, culturas demais para explorar, talentos demais para dominar, e pouquíssimo tempo para fazer tudo isso. Porém, não tem que ser desse jeito. Truques de produtividade liberam partes do nosso tempo, e truques mentais otimizam a nossa capacidade de aprender, de apreciar e de reter. Essas pequenas vantagens mentais fazem uma grande diferença.

Este é um arquivo de vantagenzinhas que colecionei e compartilhei em uma variedade de empreendimentos. Vamos aproveitar mais do nosso tempo e dos nossos talentos.

Everything changed on January 10, 2015. It was a dark and bitterly cold evening in Fort Collins, Colorado. Pellets of hard snow pelted the west-facing window as I washed the dinner dishes and sat down on the couch, alone in the 590-square-foot apartment I shared with my wife. Lauren's shift as a nurse in the emergency room extended until 11:30 p.m. I had four hours to kill and I didn't have a book to read. I decided to grab my laptop, which I happened to have brought home from work that day, and I navigated to YouTube.

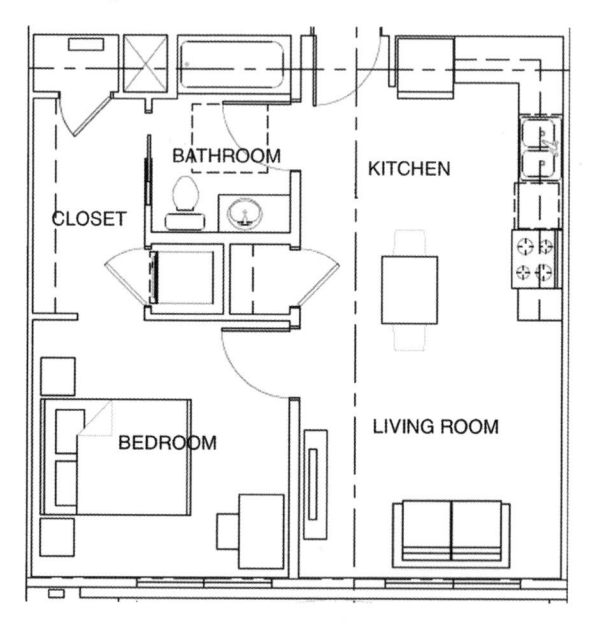

This was a rarity for me. In 2015 I didn't have a YouTube account. I didn't have an Instagram profile. I didn't even have a smartphone. I feel more at home in a book than on an app, and if I had had an unread book in the house on that night I would've cracked it open instead of doing what I did next.

I was feeling inspired. Six months earlier I had returned from the World Cup in Brazil, more in love with Portuguese than ever and extremely motivated to reach fluency. Bookless, I turned to my computer and opened YouTube with the idea of ingesting a large dose of Portuguese listening practice in the form of interviews with Jô Soares. After a few of these, a recommended video on YouTube's infamous sidebar caught my eye with a

Tudo mudou em 10 de janeiro de 2015. Era uma noite escura e bem fria em Fort Collins, Colorado. Uma camada espessa de neve se acumulava na janela que dava para o Oeste, enquanto eu lavava a louça do jantar e depois me sentava no sofá, sozinho em um apartamento de 55 m² onde morava com a minha esposa. O turno da Lauren como enfermeira na sala de emergência terminaria às 23h30. Eu tinha quatro horas livres e nenhum livro para ler. Decidi pegar o notebook, que por acaso eu tinha trazido do trabalho naquele dia, e comecei a navegar pelo YouTube.

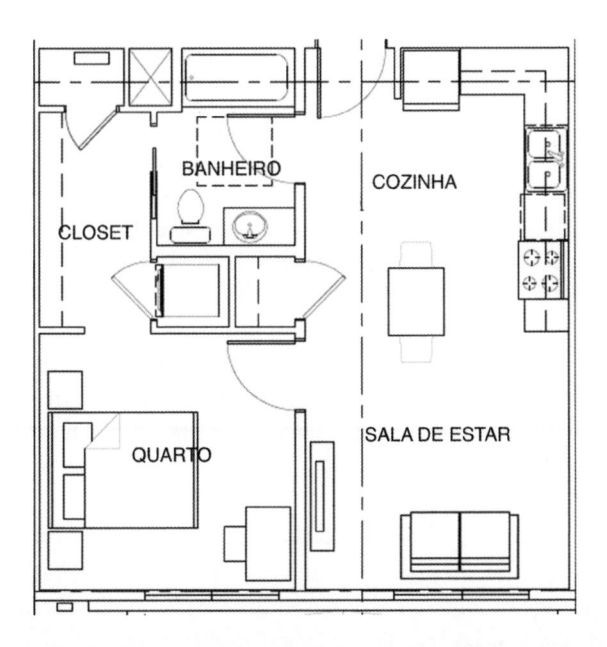

Isso era uma novidade para mim. Em 2015, eu não tinha uma conta no YouTube. Eu não tinha um perfil no Instagram. Eu não tinha nem mesmo um smartphone. Eu me sinto mais confortável com algum livro do que com um aplicativo, e se eu tivesse ali algum livro ainda não lido em casa naquela noite, eu o teria aberto em vez de fazer o que fiz em seguida.

Eu estava me sentindo inspirado. Seis meses antes, eu tinha voltado da Copa do Mundo no Brasil mais apaixonado pelo português do que nunca, e extremamente motivado para alcançar a fluência. Sem nenhum livro, eu me virei para o meu computador e abri o YouTube com

flashy thumbnail and a catchy title, something like *American speaks perfect Portuguese*. "Wow," I thought, "a kindred spirit, a countryman with the same passion as me." I clicked the fatal click and began to watch this guy, roughly my age, methodically plod his way through a description of living in Brazil. I was amused by the video and by his American accent, similar to mine, but his extremely choppy Portuguese didn't blow me away, nor did it merit the word *perfect*. In fact, I almost felt offended that he had lied in his title and yet earned almost 80,000 views.

"I can do better than him," I told myself, and I arose from the couch like a confident senator. I turned on all the lights in the apartment and with determination walked over to the kitchen table, my podium. I had the floor. It was my turn to speak, my turn to prove my worth.

I had never attempted to record a video on my borrowed laptop. I did a Google search to determine which preinstalled application to use. I opened iMovie for the very first time, and without preparation I proceeded to record five minutes and 19 seconds of rambling, imperfect Portuguese in which I professed my own love for the Portuguese language.

I talked about using my knowledge of Spanish as a foundation for my Portuguese, about eating *acarajé* in Salvador during the World Cup, about my discovery of Gilberto Gil and Machado de Assis. I made many, many mistakes, and as I watch the video four years later I hear how thick my accent was. I gave the video the catchiest possible title without being dishonest: *An American talks about the incredible experience of learning Portuguese*.

Then the magic moment: I clicked *Create a new channel*, gave the infant YouTube channel a name, and uploaded my first video. The SmallAdvantages channel was born in the wee hours of the morning on January 11, 2015.

Today's aspiring entrepreneurs are often told to throw ideas at the wall until something sticks. When I think of this advice I can't help but picture a giant wad of overcooked spaghetti thrown against the living room wall. The majority of the tangled wad falls to the floor with a splat. Gross. But a few wet noodles stick to the wall. These are the success stories of invention and innovation that leave the world a better place, change lives, and create companies worth millions.

a ideia de ingerir uma grande dose de prática de escuta em português, na forma de entrevistas com o Jô Soares. Depois de algumas delas, um vídeo recomendado na infame barra lateral do YouTube chamou a minha atenção com uma imagem chamativa e um título atraente; era algo como *Americano fala português perfeitamente*. "Uau", pensei, "uma alma semelhante, um conterrâneo com a mesma paixão que eu". Dei o clique fatal e comecei a assistir a esse cara, mais ou menos da minha idade, que metodicamente se arrastou em uma descrição sobre viver no Brasil. Eu me diverti com o vídeo e com o sotaque americano dele, parecido com o meu, mas o português extremamente instável dele não me impressionou, e nem merecia a palavra "perfeito". De fato, eu quase me senti ofendido que ele tivesse mentido no título, e ainda conseguido quase 80 mil visualizações.

"Eu posso fazer melhor do que ele", disse a mim mesmo, e me levantei do sofá como um senador confiante. Liguei todas as luzes do apartamento e, com determinação, andei até a mesa da cozinha, o meu palco. Eu estava com a palavra. Era a minha vez de falar, a minha vez de provar o meu valor.

Eu nunca tinha tentado gravar um vídeo naquele notebook emprestado. Fiz uma busca no Google para determinar que aplicativo pré--instalado usar. Abri o iMovie pela primeira vez, e, sem preparação, gravei 5 minutos e 19 segundos de português incoerente e imperfeito, nos quais eu professei o meu amor pela língua portuguesa.

Falei sobre usar o meu conhecimento de espanhol como uma base para o português, sobre comer acarajé em Salvador durante a Copa do Mundo, sobre ter descoberto Gilberto Gil e Machado de Assis. Eu cometi muitos e muitos erros e, quando eu assisto ao vídeo quatro anos depois, vejo como o meu sotaque era forte. Eu dei ao vídeo o título mais chamativo possível, sem ser desonesto: *Um americano fala sobre a experiência incrível de aprender português*.

Então, o momento mágico: eu cliquei em "criar um novo canal", dei ao recém-nascido canal do YouTube um nome, e fiz o upload do meu primeiro vídeo. O canal SmallAdvantages nasceu na calada da noite da madrugada de 11 de janeiro de 2015.

Os empreendedores aspirantes de hoje frequentemente recebem o conselho de jogar ideias na parede até que alguma coisa cole. Quando penso nesse conselho, não consigo deixar de imaginar um amontoado gigante de espaguete que passou do ponto, jogado contra a parede da

ENTREPRENEUR   IDEAS

Now imagine it's your turn to throw the wad of spaghetti at the wall to see which of your ideas stick. What are you going to share with the world?

First, let me say that if you're throwing spaghetti in the first place, you're ahead of 99 percent of the crowd. Everyone possesses an idea that could benefit humanity, but the problem is that most never pursue that idea. They never throw their spaghetti at the wall.

But hey, let's say you've taken the risk and are dedicating yourself 100 percent to something you believe in. You rock! Now, how do you know whether this noodle will stick or whether it's destined for the living room floor? The short answer is, you don't. But reflecting on my own situation a bit, I've formulated a (pasta?) recipe for entrepreneurial success in the internet age:

1. Be honestly passionate

2. Recognize opportunities

3. Be willing to adapt your course

When I created my SmallAdvantages YouTube channel on that snowy January night, I presumed that my audience would speak English and that my first video in Portuguese would prove the effectiveness of my methods I outlined in one of my *SmallAdvantages* blog posts: "How to learn Portuguese from Spanish." In fact, the next four videos I posted on YouTube were all in English. My viewers, however, did not turn out to be my fellow countrymen. For the next six months I received an avalanche of feedback and support from Brazilians, linguistically

sala de estar. A maior parte dessa massa emaranhada cai no chão e faz *splash*. Nojento. Porém, algumas tiras molhadas de macarrão grudam na parede. Essas são as histórias de sucesso de invenção e inovação que tornam o mundo um lugar melhor, mudam vidas e criam empresas que valem milhões.

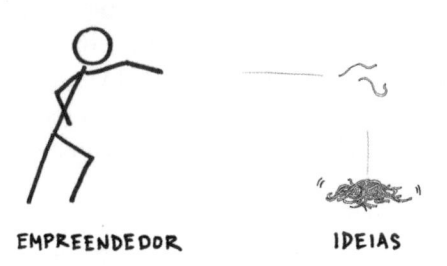

EMPREENDEDOR   IDEIAS

Agora, imagine que é a sua vez de jogar o espaguete na parede para ver quais das suas ideias colam. O que você vai compartilhar com o mundo?

Primeiro, deixe-me dizer que, pra começo de conversa, se você está jogando espaguete, você já está na frente de 99% das pessoas. Todo mundo possui uma ideia que poderia beneficiar a humanidade, mas o problema é que a maioria nunca vai atrás dessa ideia. As pessoas nunca jogam o espaguete delas na parede.

Mas, ei, digamos que você correu o risco e está se dedicando 100% a algo em que acredita. Você é demais! Agora, como você sabe se esse macarrão vai grudar ou se está destinado ao chão da sala de estar? A primeira resposta é que você não sabe. Contudo, refletindo um pouco sobre a minha própria situação, formulei uma receita (de massa?) para o sucesso empreendedor na era da internet:

1. Seja genuinamente apaixonado

2. Reconheça oportunidades

3. Esteja disposto a adaptar o percurso

passionate people like myself who were learning my native English, and who apparently appreciated seeing this journey happening in reverse. I received numerous comments suggesting that I start making videos teaching English and explaining everything in Portuguese, which was the opposite of what I had been doing.

In a parallel universe I smile at these Portuguese comments, but I never change tracks and start making videos for Brazilians because this conflicts with the original intention of my hobby. I continue posting on my blog in this parallel universe. It doesn't have a big readership, but I love writing, and I'm satisfied working on it during my lunch break at my full-time job in a research center.

But back in the real world, I heeded this outpouring of feedback I received from Brazil. I recognized the huge opportunity to help people, and I shifted course. I modified my original vision, an English blog with a broader focus, in order to meet a more specific need that this feedback revealed: that native speakers teaching English on YouTube in Portuguese, a language spoken by over 200 million people, were nearly nonexistent. Taking this right turn was the catalyst to my hobby's success: the SmallAdvantages YouTube channel reached one million subscribers and 50 million views in less than three years. Meanwhile, the *SmallAdvantages* blog never crested 5,000 views.

Many people assume that an idea must be set in stone before it becomes a successful product, but some of the world's greatest ideas came to fruition in the same unexpected but opportunistic way: Penicillin, the microwave, even Twitter. The creators of these revolutionary inventions were willing to alter their original goals in order to meet a more specific need that was only perceived after they began the process of invention.

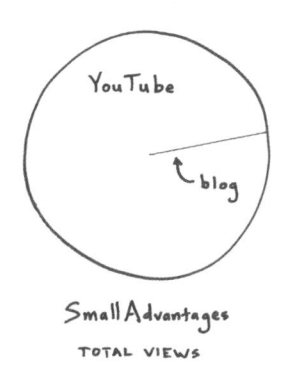

Small Advantages

TOTAL VIEWS

Quando criei o meu canal SmallAdvantages no YouTube naquela noite de neve em janeiro, supus que o meu público falaria inglês e que o meu primeiro vídeo em português provaria a efetividade dos métodos que eu tinha esboçado em um dos *posts* do meu blog *SmallAdvantages*: "How to learn Portuguese from Spanish". De fato, os quatro vídeos seguintes que eu publiquei no YouTube foram todos em inglês. Acontece que os meus espectadores, contudo, não acabaram sendo os meus conterrâneos. Nos seis meses seguintes, eu recebi uma avalanche de feedbacks e apoio de brasileiros, pessoas linguisticamente apaixonadas, como eu, que estavam aprendendo o meu inglês nativo, e que aparentemente gostavam de ver essa jornada acontecendo no sentido inverso. Eu recebi inúmeros comentários sugerindo que eu começasse a fazer vídeos ensinando inglês e explicando tudo em português, que era o contrário do que eu estava fazendo.

Em um universo paralelo, eu sorrio para esses comentários em português, mas não mudo o meu caminho para começar a fazer vídeos para brasileiros, pois isso entra em conflito com a intenção original do meu hobby. Eu sigo postando no meu blog nesse universo paralelo. Ele não alcança uma grande audiência, mas eu adoro escrever, estou satisfeito trabalhando nele durante os meus intervalos de almoço no meu emprego, em tempo integral, em um centro de pesquisa.

De volta ao mundo real, eu considerei essa onda de feedbacks que recebi do Brasil. Reconheci a enorme oportunidade de ajudar pessoas e mudei o percurso. Modifiquei a minha visão original, um blog em inglês, com um foco mais amplo, para atender a uma necessidade mais específica que esses feedbacks revelaram: falantes nativos de inglês ensinando sua língua no YouTube em português, uma língua falada por mais de 200 milhões de pessoas, eram quase inexistentes. Dar essa virada correta foi o catalisador para o sucesso do meu hobby: o canal SmallAdvantages no YouTube alcançou 1 milhão de inscritos e 50 milhões de visualizações em menos de três anos. Enquanto isso, o blog *SmallAdvantages* nunca atingiu 5 mil visualizações.

Muitas pessoas presumem que uma ideia deve ser firme como uma rocha antes de se tornar um produto de sucesso, mas algumas das maiores ideias do mundo foram viabilizadas de modo inesperado, porém oportunista: a penicilina, o micro-ondas, até o Twitter. Os criadores dessas invenções revolucionárias estavam dispostos a alterar as suas metas originais para atender a uma necessidade mais específica, que só foi percebida depois que começaram o processo de invenção.

I got quite lucky when I stumbled upon a major market gap while writing my *SmallAdvantages* blog. My blog was a big ol' blob of spaghetti, and the noodle that stuck was a YouTube channel for Brazilians. Who would've guessed? I recognized the opportunity (step 2), I was willing to adapt (step 3), and here I am, writing about it today. But crucially important, and often forgotten, is step one of the process: Be honestly passionate. Your hobbies and the things you truly yearn to do in your free time, by definition your passions, are a good place to start when seeking your own revolutionary idea, your own noodle that could stick to the wall and change the world for the better.

I've seen this first step go awry when the entrepreneur's passion is not for the product, but instead for the process of entrepreneurship itself. For this reason I emphasize that honest passion, and not passion alone, is crucial. Many of my peers who have recognized market gaps have failed at creating their own business because, in every instance, they were more passionate about the idea of owning a successful business than their actual product. They valued the ability to say they had created a company more than they valued the very service their company offered. Such values might be beneficial in a podcast about how to start and run a business, but not elsewhere. Never forget that honest passion for your product must come first, and only then can entrepreneurship follow.

I didn't consider myself an entrepreneur when I posted those first few videos on SmallAdvantages. I never had the intention of quitting my science career to become a YouTuber, and I certainly never expected to make money from my hobby. That was a serendipitous side effect that came later. SmallAdvantages, my stickiest noodle, is, first and foremost, my honest passion and, second, my job. It only could've ever happened in this order.

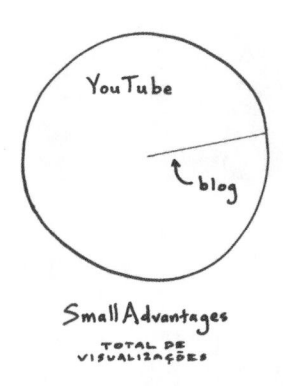

Tive muita sorte quando tropecei em uma grande lacuna do mercado enquanto escrevia o meu blog. Ele era uma grande massa de espaguete, e o macarrão que ficou grudado era o canal do YouTube para brasileiros. Quem teria imaginado? Eu reconheci a oportunidade (passo 2), estava disposto a me adaptar (passo 3), e aqui estou eu, escrevendo sobre isto hoje. Porém, decisivamente importante, e frequentemente esquecido, é o primeiro passo do processo: ser genuinamente apaixonado. Os seus hobbies e as coisas que você verdadeiramente anseia fazer no seu tempo livre, por definição, suas paixões, são um bom lugar para começar quando você está procurando pela sua própria ideia revolucionária, pelo seu próprio macarrão que poderia ficar grudado na parede e mudar o mundo para melhor.

Eu já vi esse primeiro passo dar errado quando a paixão do empreendedor não é pelo produto, mas, em vez disso, pelo próprio processo de empreendedorismo. Por esse motivo, enfatizo que uma paixão genuína, e não apenas uma paixão, é crucial. Muitos dos meus colegas que reconheceram lacunas do mercado falharam em criar o seu próprio negócio, porque estavam mais apaixonados pela ideia de possuir um negócio de sucesso do que pelo produto real. Eles valorizaram a capacidade de dizer que tinham criado uma empresa mais do que valorizaram o serviço que a empresa oferecia. Esses valores podem ser benéficos em um *podcast* sobre como começar e gerenciar um negócio, mas não em outro lugar. Nunca se esqueça de que essa paixão genuína pelo seu produto deve vir em primeiro lugar, e que só depois vem o empreendedorismo.

Eu não me considerava um empreendedor quando publiquei aqueles primeiros vídeos no SmallAdvantages. Eu nunca tive a intenção de largar a minha carreira científica para me tornar um youtuber, e certamente nunca esperei ganhar dinheiro com o meu hobby. Esse foi um efeito colateral fortuito que veio depois. O SmallAdvantages, o meu macarrão mais grudento, é, antes de mais nada, a minha paixão genuína e, em segundo lugar, o meu emprego. Isso só poderia ter dado certo nessa ordem.

07
THE WALK THAT
CHANGED MY LIFE

Is there a time in your life that you would consider a turning point? A month when everything you thought you knew changed, and the world was new? I was 26 years old in January 2015 when it happened to me. The experience was scary and thrilling, and I never saw it coming.

At the time I was a second-year doctorate student working towards a PhD in atmospheric science at Colorado State University. I was not in love with my research, but fortunately my flexible research schedule afforded me plenty of time to pursue leisure activities. Away from school I was running six miles per day, reading 40 books per year, and studying Brazilian Portuguese in my free time. Life was good with my wife, and we traveled often.

With time this dislike of my science career grew. I found it increasingly difficult to convince myself that the research on which I was spending 40 hours per week would ever be of any value. In academia it can take years to write and publish a single research paper, and I had already worked two years on my own with minimal feedback from my peers and no end in sight. I felt unimportant and desperately anonymous, a tiny fish in a world-sized pond. As Thoreau wrote, "The cost of a thing is the amount of what I call life which is required to be exchanged for it, immediately or in the long run." Would my thousands of hours of research, of life, ever help someone?

On January 17, 2015, this vocational despair reached a breaking point, and, in tears, I described my frustration to my wife. It was, I think, the first time she had ever seen me cry. She took my hand and led me outside, and we began to walk along the riverside path behind our apartment.

07

A CAMINHADA QUE **MUDOU** A MINHA VIDA

Há algum momento em sua vida que você consideraria a hora da virada? Um dia em que tudo o que você pensava conhecer mudou, e o mundo era outro? Eu tinha 26 anos em janeiro de 2015 quando isso aconteceu comigo. A experiência foi assustadora e emocionante, e chegou sem eu perceber.

Naquela época, eu era um doutorando do segundo ano, trabalhando no meu PhD em Ciências Atmosféricas na Universidade Estadual do Colorado. Eu não estava apaixonado pela minha pesquisa, mas felizmente o meu cronograma flexível de trabalho me dava bastante tempo para ir atrás de atividades de lazer. Além da universidade, eu estava correndo 9,6 km por dia, lendo 40 livros por ano e estudando português brasileiro no meu tempo livre. A vida estava ótima com a minha esposa, e viajávamos frequentemente.

Com o tempo, esse desgosto com a minha carreira científica foi crescendo. Estava ficando cada vez mais difícil me convencer de que a pesquisa na qual eu estava gastando 40 horas por semana valeria de alguma coisa futuramente. Na carreira acadêmica, pode-se levar anos para escrever e publicar um único artigo de pesquisa, e eu já tinha trabalhado dois anos por conta própria, com o mínimo de feedback dos meus colegas, e não via quando isso iria acabar. Eu me senti desimportante e desesperadamente invisível, um peixinho em um lago do tamanho do mundo. Como Thoreau escreveu: "O preço de qualquer coisa é a quantidade de vida que você troca por isso, imediatamente ou a longo prazo". Será que os meus milhares de horas de pesquisa, de vida, iriam ajudar alguém algum dia?

Em 17 de janeiro de 2015, esse desespero vocacional alcançou um ponto de ruptura, e, aos prantos, descrevi a minha frustração para a

Two weeks earlier, shortly after the New Year, I found myself absentmindedly surfing the web in my grad school office. I had stumbled upon a pair of articles about *lifehacks* – small tricks to accomplish everyday tasks more efficiently. Use a straw to remove strawberry stems. Rest a wooden spoon across a pot of boiling water to keep it from boiling over. Place your smartphone in a glass cup to amplify the speaker.

That evening as the sun set behind the dark winter clouds, I bundled up and went for my usual run along the riverside path behind our apartment. When I run I usually listen to audiobooks or Portuguese podcasts, but on that day I couldn't concentrate. My mind was spinning as I thought about the lifehacks that I had already discovered. Rather than jerry-rigged solutions, I felt that mine were more lasting tricks, ways to enrich your life and build lasting skills by implementing more efficient study methods. I thought to myself, "I could write my own blog about my own lifehacks, my own small advantages." My pace quickened.

One idea that came to mind, for example: I could write about how to optimize one's language study in a day, a multitasking method I had recently perfected. I studied Portuguese flashcards on my phone while waiting in line at the grocery store; I listened to Portuguese-language podcasts while bike-commuting despite understanding only 20% of the dialogue (*Nerdcast* and *Tá Falado*); I always had Brazilian news on in the background in my office (*91.3FM CBN Salvador*).

As I ran, my mental list of lifehacks grew and grew, from personal finance to backgammon strategy. I breathed heavy with exertion and exhilaration, every puff of vapor visible in the cold air. I felt five years younger. Arriving back home, snowflakes beginning to fall in the almost darkness, I grabbed a sheet of paper from a kitchen drawer and scrawled down as many of these ideas as I could remember. Still out of breath, I opened my laptop and registered my blog name: *SmallAdvantages*. This

minha esposa. Essa foi, eu acho, a primeira vez que ela me viu chorar na vida. Ela pegou a minha mão e me levou para fora, e nós começamos a caminhar ao longo da margem do rio atrás do nosso apartamento.

Duas semanas antes, logo depois do ano-novo, eu estava navegando distraidamente na internet no meu escritório da faculdade. Eu tinha achado por acaso uns artigos sobre truques de produtividade – pequenos truques para realizar tarefas diárias de forma eficientemente. Usar um canudo para remover talos de morangos... Colocar uma colher de pau em cima de uma panela de água fervendo para evitar que ela transborde... Colocar o seu smartphone em um copo de vidro para amplificar o alto-falante...

Naquela noite, quando o sol se pôs por trás das escuras nuvens de inverno, eu peguei as minhas coisas e fui para a minha corrida habitual ao longo da margem do rio atrás do nosso apartamento. Quando estou correndo, normalmente escuto audiolivros ou *podcasts* em português, mas, naquele dia, não consegui me concentrar. A minha mente estava girando, enquanto eu pensava sobre os truques de produtividade que já tinha descoberto. Em vez de gambiarras, eu sentia que os meus truques eram mais duradouros, pois eram maneiras de enriquecer a vida e construir habilidades, implementando métodos de estudo mais eficientes. Pensei comigo mesmo: "Eu poderia escrever o meu próprio blog sobre os meus truques de produtividade, as minhas próprias vantagenzinhas". Apressei o passo.

Uma ideia que me veio à mente, por exemplo: eu poderia escrever sobre como otimizar o estudo linguístico de alguém em um dia, um método multitarefa que eu tinha aperfeiçoado recentemente. Eu estudava *flashcards* de português no meu telefone enquanto esperava na fila do supermercado; eu escutava *podcasts* de língua portuguesa na ida e na volta de bicicleta para o trabalho, apesar de entender apenas 20% do diálogo (*Nerdcast* e *Tá Falado*); eu sempre ouvia o noticiário brasileiro no meu escritório (*91.3 FM CBN Salvador*).

blog turned into a YouTube channel, this YouTube channel turned into an English-learning resource for Brazilians, and within three years it had amassed over one million followers.

Two weeks after this epiphany run I found myself again on this same riverside path, but this time with my wife and in tears with frustration. As we walked I attempted to put into words the futility I was feeling as an irrelevant doctorate student. Lauren listened and listened, and when I could say no more she turned to me and told me: "Gavin, as long as you have something to offer the world, you will never go hungry. You have many talents to offer, and the day will come when your talents will be recognized and appreciated by many. All you can do is keep going, keep doing what makes you happy and what you're good at. Just keep planting seeds."

I still remember her earnest blue eyes as she told me this. Two ribbons of blonde hair had escaped her winter hat and fluttered diagonally across her rosy cheeks in the cold breeze. I loved her and I believed her, and her words of affirmation made me feel at peace with my situation. I would continue to pursue my PhD, but in my free time I would continue to look for ways to do what I love. I would keep planting those abstract seeds.

I've since realized that this walk happened precisely one week *after* I had already posted my very first video on my YouTube channel, SmallAdvantages. It took me several years to appreciate the true magnitude of this. In my moment of greatest despair, the seed that ended up changing my life and the lives of so many others had, unbeknownst to me at the time, already been planted.

There are two lessons here.

The first: Plant your own seeds *today*. You never know how the talent that you share right now will benefit you and so many others in the future. There's also the chance that you've already planted a seed and don't know it yet. Nurture it and help it grow.

The second: Encourage and support your friends and family, even when they don't know they need it. I'm eternally grateful for the act of love and affirmation that Lauren gave me on the walk that changed my life – heck, it's making me emotional just typing these words. SmallAdvantages wouldn't exist without her, and perhaps I would still be directionless. Ask yourself who in your life needs your encouragement today, because this bond between people, this positive

Enquanto corria, a minha lista mental de truques de produtividade crescia e crescia, desde finanças pessoais até estratégia de gamão. Eu respirava pesado com esforço e euforia, cada sopro de vapor visível no ar frio. Eu me senti cinco anos mais novo. Chegando em casa, flocos de neve começaram a cair na penumbra, peguei uma folha de papel na gaveta da cozinha e rabisquei o máximo de ideias que conseguia lembrar. Ainda sem fôlego, abri o meu notebook e registrei o nome do meu blog: *SmallAdvantages*. Esse blog se transformou em um canal do YouTube, esse canal do YouTube se transformou em um recurso de aprendizagem de inglês para brasileiros e, em três anos, acumulou 1 milhão de seguidores.

Duas semanas depois dessa epifania na corrida, eu me encontrava novamente nesse mesmo caminho às margens do rio, mas, dessa vez, com a minha esposa e lágrimas de frustração. À medida que caminhávamos, tentei colocar em palavras a futilidade que estava sentindo como um estudante de doutorado irrelevante. Lauren escutou pacientemente e, quando eu já não podia dizer mais nada, ela se virou para mim e disse: "Gavin, contanto que você tenha algo para oferecer ao mundo, você nunca passará fome. Você tem muitos talentos a oferecer, e vai chegar o dia em que os seus talentos serão reconhecidos e apreciados por muita gente. Tudo que você pode fazer é continuar seguindo em frente, continuar fazendo o que o faz feliz e aquilo no que você é bom. Apenas continue plantando sementes".

Ainda me lembro dos seus sinceros olhos azuis quando me disse isso. Duas mechas de cabelo loiro tinham escapado do gorro dela e esvoaçavam diagonalmente pelas suas bochechas rosadas na brisa fria. Eu a amava e acreditava nela, e as suas palavras de afirmação fizeram eu me sentir em paz com a minha situação. Eu seguiria com o meu doutorado, mas, no meu tempo livre, continuaria procurando por modos de fazer o que eu amava. Eu seguiria plantando aquelas sementes abstratas.

Desde então, percebi que essa caminhada aconteceu precisamente uma semana após eu ter postado o meu primeiríssimo vídeo no meu canal do YouTube, SmallAdvantages. Precisei de vários anos para reconhecer a verdadeira magnitude disso. No meu momento de maior desespero, a semente que acabou mudando a minha vida e as vidas de tantos outros, sem que eu soubesse naquela época, já tinha sido plantada.

Há duas lições aqui:

A primeira: plante as suas próprias sementes hoje. Nunca se sabe como o talento que você compartilhar agora o beneficiará e a tantos

encouragement unique to mankind, is the biggest lifehack of them all, and the biggest advantage of being human.

outros no futuro. Também há uma chance de que você já tenha plantado uma semente e ainda não saiba. Cuide dela e ajude-a a crescer.

A segunda: encoraje e apoie os seus amigos e familiares, mesmo quando eles não souberem que precisam disso. Eu sou eternamente grato pelo ato de amor e afirmação que a Lauren me deu na caminhada que mudou a minha vida – caramba, já estou ficando emotivo simplesmente por digitar essas palavras. O SmallAdvantages não existiria sem ela, e talvez eu ainda estivesse sem direção. Pergunte a si mesmo quem na sua vida precisa de encorajamento hoje, pois esse laço entre as pessoas, esse encorajamento positivo exclusivo da humanidade, é o maior truque de produtividade de todos, e a maior vantagem do ser humano.

08

THE **REASON** YOU SPEAK ENGLISH WITH AN ACCENT

In the first year of my YouTube channel I used to read, one by one, every single comment I received on my then twenty-some videos in Portuguese. By late 2015 I was responding to dozens of new comments from Brazilians every night from my living room in Colorado. Among this feedback was a recurring compliment that greatly surprised me, and the wording of the various users that wrote it was almost identical: "You speak Portuguese better than most Brazilians." At first these comments enthralled me, perhaps because they made me feel like I had suddenly achieved my goal of becoming fluent. In early 2016 I realized, however, that I was still far from being fluent, as I had plenty of trouble listening and communicating in Portuguese during the two months I spent at the University of São Paulo. So why did some Brazilians insinuate in their comments that my Portuguese was perfect, even though at times I could hardly hold a friendly conversation?

The first and most simple explanation is that video-editing is magic. I can research and write an errorless script before filming, I can clip and delete the Portuguese mistakes I made during filming, and in the final cut I upload to YouTube I can still appear as spontaneous as though I were chatting with my viewer over an impromptu cup of coffee. This is a learned art of deceit at which I've become, for better or for worse, cunningly proficient.

The second and more involved explanation for these well-meaning but misleading compliments is that it's significantly easier to sound fluent in Portuguese than it is to sound fluent in English. This is because the most difficult aspect of Portuguese is its grammar, while the most difficult aspect of English is its orthography, or how it's written. *Deixe-me explicar.*

I've learned that more than a few Brazilians are at odds with the prescribed grammar of Portuguese, and most will start a sentence with

08

O **MOTIVO** PELO QUAL VOCÊ FALA INGLÊS COM SOTAQUE

No primeiro ano do meu canal do YouTube, eu costumava ler, um por um, todos os comentários que recebia nos meus vinte e poucos vídeos em português da época. No final de 2015, eu estava respondendo a dúzias de novos comentários dos brasileiros toda noite na minha sala de estar no Colorado. Entre esses feedbacks, havia um elogio recorrente que me surpreendia bastante, e o jeito que vários usuários o escreviam era quase idêntico: "Você fala português melhor do que a maioria dos brasileiros". A princípio, esses comentários me fascinaram, talvez porque fizeram eu me sentir como se tivesse, repentinamente, alcançado a minha meta de me tornar fluente. No começo de 2016, eu percebi, contudo, que ainda estava longe de ser fluente, pois tive muita dificuldade para entender e me comunicar em português durante os dois meses que passei na Universidade de São Paulo. Então, por que alguns brasileiros insinuaram nos seus comentários que o meu português era perfeito, apesar de que, por vezes, eu mal podia manter uma conversa amigável?

A primeira e mais simples explicação é que a edição de vídeos é algo mágico. Eu posso pesquisar e escrever um script sem erros antes de filmar, eu posso editar e excluir os erros de português que cometi durante a filmagem, e, na edição final que carrego no YouTube, ainda posso parecer espontâneo, como se estivesse batendo um papo com o meu espectador, tomando um cafezinho improvisado. Essa é a arte da enganação aprendida, na qual eu me tornei, para o bem ou para o mal, astutamente competente.

an objective pronoun (*Me dê*) instead of the technically "correct" *ênclise* (*Dê-me*). This is not the problem. What has surprised me is that some Brazilians seem to disobey the much more common, prosaic rules of the Portuguese language, for example using the imperfect past tense when the conditional tense is needed (*não fazia se tivesse...*). When I would say things like *deixe-me explicá-lo* in my early videos, I think that many Brazilians confused this unnecessarily complex Portuguese as proof of a deep and poetic understanding of their language. But quite the contrary: These stilted phrases were more often than not an awkward, literal translation from English into Portuguese. *Let me explain.*

In truth it would have been more impressive if I whipped out the more colloquial *deixa eu explicar* or *não fazia se tivesse* in a video, as this would have proved some comprehension of the technically incorrect but much more useful informal dialect of Portuguese spoken in Brazil. This dynamic day-to-day Portuguese is hard to learn within a textbook and nearly impossible to teach oneself while isolated in the US. Nevertheless, no one speaks like Machado de Assis or Clarice Lispector on the streets of São Paulo.

In the US (and in Great Britain) no one speaks like Shakespeare either – languages are always evolving. Unlike Portuguese however, English's syntax is rather straightforward and its verbs have rather few conjugations. As a result, English speakers make far fewer grammar mistakes than Portuguese speakers in their respective languages. This is why when a foreigner makes an English grammar mistake, it's more noticeable than a grammar mistake in Portuguese.

English orthography, on the other hand, is an absolute nightmare. Native speakers of English must go through the horrors of learning the incongruous spelling of every word they've spoken since childhood... *through, tough, thorough, thought, though.* American children sit through semesters of spelling classes and even participate in public competitions called spelling bees. As a kid I was eliminated from spelling bees on the words *colossal* and *carousel* (lasting scars), but later I won my elementary school's spelling bee by correctly spelling the word *committee*. It was a glorious moment for an 11-year-old boy.

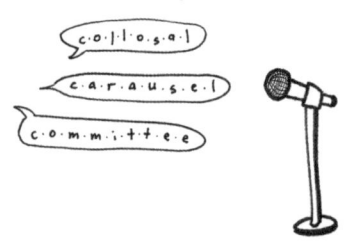

A segunda e mais elaborada explicação para esses elogios bem-intencionados, porém enganosos, é que é bem mais fácil soar fluente em português do que soar fluente em inglês. Isso acontece porque o aspecto mais difícil do português é a sua gramática, enquanto que o aspecto mais difícil do inglês é a sua ortografia, ou como ele é escrito. Deixe-me explicar.

Descobri que grande parte dos brasileiros discorda da gramática prescrita do português, e a maioria vai começar uma frase com um pronome objeto (*Me dê*) em vez da tecnicamente "correta" ênclise (*Dê-me*). Esse não é o problema. O que me surpreendeu foi que alguns brasileiros parecem desobedecer às regras muito mais comuns e prosaicas da língua portuguesa, por exemplo, usando o pretérito imperfeito quando o modo condicional é necessário (*não fazia se tivesse...*). Quando eu soltava frases como *deixe-me explicá-lo* nos meus primeiros vídeos, eu acho que muitos brasileiros confundiam esse português desnecessariamente complicado como uma prova de um entendimento profundo e poético da língua deles. Muito pelo contrário: essas frases pomposas eram muito mais uma tradução esquisita e literal do inglês para o português. *Let me explain.*

Na verdade, teria sido mais impressionante se eu tivesse dito termos coloquiais nos vídeos, como *deixa eu explicar* ou *não fazia se tivesse*, pois isso teria provado que eu possuía alguma compreensão do dialeto informal tecnicamente incorreto, porém muito mais usado no português falado no Brasil. Esse português dinâmico do dia a dia é difícil de aprender em um livro didático e quase impossível de aprender por conta própria, estando isolado nos EUA. Entretanto, ninguém fala como Machado de Assis ou Clarice Lispector nas ruas de São Paulo.

Nos EUA (e na Grã-Bretanha), tampouco se fala como Shakespeare – as línguas estão sempre evoluindo. Diferentemente do português, contudo, a sintaxe do inglês é bem direta, e os seus verbos têm menos conjugações. Consequentemente, os falantes do inglês cometem muito menos erros gramaticais do que os falantes do português, nos seus respectivos idiomas. É por isso que quando um estrangeiro comete um erro gramatical em inglês, é mais perceptível do que um erro gramatical em português.

A ortografia do inglês, por outro lado, é um pesadelo absoluto. Falantes nativos de inglês precisam passar pelos horrores de aprender a ortografia incongruente de cada palavra que já falavam desde crian-

Adults learning English as a foreign language must run the gauntlet of English pronunciation in reverse, transforming the words they read for the first time into spoken word. Because there are so many exceptions to each rule, even a native speaker of English can never be quite sure of the pronunciation when seeing a word for the first time. It's often more efficient for students studying English to memorize the pronunciation of each word individually rather than wasting time internalizing a "rule" that doesn't hold true in over half the cases. The most extreme case: You can pronounce the phoneme *-ough* eight different ways. Ouch!

In addition to wading through this orthographic mess, the US has a notable lack of regional dialects. This differs sharply from the abundance of regional dialects heard in Brazil (imagine a conversation between a man from rural Ceará and a woman from Piracicaba). Yes, New Yorkers speak with a slight nasal twang, Bostonians drop their Rs, Texans have their leisurely drawl, but on the whole when I meet a fellow American I can rarely detect from their speech which coast they're from, let alone from which state or which city. Due to this homogeneity, when a foreigner mispronounces a single word in American English he or she will almost certainly be pegged as a foreigner, instantly. One mispronounced word in fifty will give you away quicker than you can say Mississippi.

In contrast, when I mispronounce a word in Portuguese I am occasionally pegged as a Brazilian from a different region – the diversity of accents and dialects in Brazil is ten times greater than in the US. Even my wife, a Chicagoan who doesn't speak Portuguese, can tell the difference between the whish of a *carioca*, the clip of a *nordestina*, and the lilt of a *mineira, uai*.

This linguistic diversity of Brazil, together with the more complex grammar of Portuguese and of course the magic of video-editing, all come together to create a perfect environment for receiving those errant YouTube compliments on my far-from-perfect Portuguese. It's simply not true (and likely never will be) that I speak Portuguese "better than most Brazilians," who have spoken it from birth.

ça… *through, tough, thorough, thought, though.* As crianças americanas assistem a semestres de aulas de ortografia e até participam de competições públicas, chamadas *spelling bees.* Quando criança, fui eliminado nesses concursos de soletração por causa das palavras *colossal* e *carousel* (cicatrizes profundas), mas depois venci o concurso de soletração na escola primária, soletrando corretamente a palavra *committee.* Foi um momento glorioso para um menino de 11 anos.

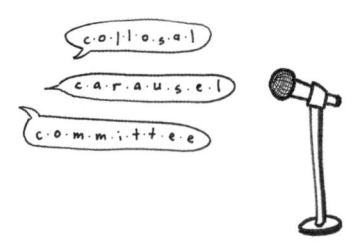

Adultos aprendendo inglês como uma língua estrangeira devem passar pelo corredor inglês da pronúncia no sentido contrário, transformando as palavras que leem pela primeira vez em uma palavra falada. Como há tantas exceções para cada regra, até um falante nativo de inglês pode não estar muito certo da pronúncia ao ver uma palavra pela primeira vez. Normalmente, é mais eficiente para estudantes de inglês memorizarem a pronúncia de cada palavra individualmente, em vez de gastarem tempo internalizando uma "regra" que não se mostra verdadeira em mais da metade dos casos. O caso mais extremo: você pode pronunciar o fonema *–ough* de oito modos diferentes. Que isso, gente?!

Além de enveredar nessa bagunça ortográfica, os EUA têm uma notável falta de dialetos regionais. Isso difere bruscamente da abundância de dialetos regionais ouvidos no Brasil (imagine uma conversa entre um homem do interior do Ceará e uma mulher de Piracicaba, em São Paulo). Sim, nova-iorquinos falam com um som ligeiramente nasalizado, bostonianos não pronunciam a letra R, texanos têm uma fala arrastada e sem pressa, mas, de modo geral, quando eu encontro um conterrâneo americano, dificilmente consigo detectar, pela sua fala, de que lado do país ele vem, muito menos de que estado ou cidade. Devido a essa homogeneidade, quando um estrangeiro pronuncia errado uma única palavra em inglês americano, quase certamente será tachado como um estrangeiro, instantaneamente. Em cinquenta pala-

vras, uma delas pronunciada errada vai entregar você mais rápido do que dizer Mississippi.

Em contrapartida, quando eu pronuncio errado uma palavra em português, de vez em quando sou tachado como um brasileiro de uma região diferente – a diversidade de sotaques e dialetos no Brasil é dez vezes maior do que nos EUA. Até a minha esposa, de Chicago, que não fala português, pode perceber a diferença entre o chiado de um carioca, o molejo de um nordestino e a melodia de um mineiro, *uai*.

Essa diversidade linguística do Brasil, juntamente com a gramática complexa do português e, é claro, a mágica da edição de vídeo, tudo se junta para criar um ambiente perfeito para receber aqueles elogios casuais do YouTube sobre o meu português longe da perfeição. Simplesmente não é verdade (e provavelmente nunca será) que eu fale português "melhor do que a maioria dos brasileiros", que o falam desde que nasceram.

NEVER SAY *HUGS* TO AN AMERICAN

Sitting on a park bench with a Brazilian friend in the Interlagos neighborhood of São Paulo, I looked up and saw a petite woman wearing sunglasses and headphones, slowly jogging my way. Her T-shirt caught my attention. In white lettering on a black background, alongside the outline of a sitting cat, was the English phrase, "I'd spend all 7 lives with you."

"What an odd thing to say," I thought. The sentence was grammatically correct, the spelling was perfect, but what had happened to the cat's other two lives? After all, in the United States cats are said to have nine lives, not seven.

I turned to my friend and asked him where the cat's other two lives had disappeared to. "What do you mean?" he asked, perplexed. "Cats have seven lives, not nine." It had never occurred to me that this expression might vary in different cultures. My friend, after taking a moment to ponder this curious difference, and with the self-deprecating humor typical of many Brazilians, remarked, "Makes sense. In Brazil, even the cats are born with fewer lives!"

No amount of sedulous grammar study can truly prepare a person for language discrepancies like this, where the by-the-book translation

09

NUNCA DIGA **ABRAÇOS** PARA UM AMERICANO

Sentado em um banco de praça com um amigo brasileiro no bairro de Interlagos, em São Paulo, levantei os olhos e vi uma mulher baixinha com óculos de sol e fones de ouvido correndo em minha direção. A camiseta dela chamou a minha atenção. Em letras brancas com um fundo preto, ao lado da silhueta de um gato sentado, havia uma frase em inglês: "I'd spend all 7 lives with you" (Eu passaria todas as minhas 7 vidas com você).

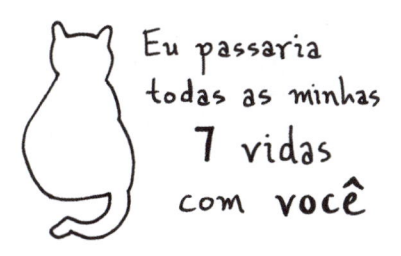

"Que coisa mais estranha de se dizer", pensei. A frase estava gramaticalmente correta, a ortografia estava perfeita, mas o que tinha acontecido com as outras duas vidas do gato? Afinal de contas, nos Estados Unidos, todo mundo sabe que os gatos têm nove vidas, e não sete.

Eu me virei para o meu amigo e lhe perguntei para onde tinham ido as outras duas vidas do gato. "Como assim?", ele perguntou, perplexo. "Os gatos têm sete vidas, e não nove". Nunca tinha passado pela minha cabeça que essa expressão pudesse mudar em diferentes culturas. O meu amigo, depois de tirar um momento para refletir sobre essa curiosa diferença, e com o típico humor autodepreciativo de muitos brasileiros, observou: "Faz sentido. No Brasil, até os gatos nascem com menos vidas!".

is correct but the cultural translation is wrong. I hear stories like these from my English students all the time, and I come across similar situations virtually every day in Brazil.

For example, I quickly discovered that *abraços* is a word often used in Brazilian Portuguese to end letters, emails, and even conversations: "Tchau, até mais, abraços, tchau tchau, abraços!" With a dictionary in hand, anyone could directly translate this simple word into English as *hugs*. But this translation would be wrong because *hugs* is never used as a farewell in the United States. *Hugs* sounds rather cutesy and infantile in American English, and we opt instead for much more impersonal signoffs such as *talk soon* and *take care*. You might also see *cheers* in the United Kingdom (and increasingly in the US). But when Brazilians leave comments in English on YouTube, translating *abraços* as *hugs* continues to be one of the most common mistranslations I see.

Please notice that I'm referring to these instances as mistranslations—not mistakes. Importantly, these mistranslations have less to do with language than they do with culture. The chief mission of my YouTube channel is to address and teach such cultural differences between Brazil and the US, including greetings, behaviors, and modes of reacting in specific situations.

For example, I had a ton of fun shooting an entire video about the infamous *dedo balançando* – the finger wag that Brazilians seem to invoke twenty times a day as an unspoken *no*; a *no* devoid of any anger or spite. In the US, wagging your finger at someone is one of the most passive-aggressive gestures you can make. It equates to a non-verbal scolding, powerful enough to make recalcitrant children stop misbehaving and potent enough to spark brawls on the basketball court (#DikembeMutombo). But in Brazil, this happy-go-lucky motion seems to always mean a polite and unironic "no, thanks." The response to an approaching seller of hats on Copacabana: *finger wag.* "Does that restaurant accept credit cards?" *Finger wag.* "Would you like another beer?" *Finger wag…* although my response to this last question would most likely be a thumbs up, yet another gesture ten times more common in Brazil than in the US.

The polite finger wag simply doesn't exist in American culture, so Brazilians are obligated to find a different way to translate this part of their culture when speaking in English. In the US this is usually a spoken "no, thanks" or, if you're eating, a shake of the head followed by a quick "thank you" once you're done chewing your food.

Nenhum estudo gramatical aprofundado pode preparar uma pessoa para discrepâncias linguísticas como essa, em que a tradução ao pé da letra está correta, mas a tradução cultural está errada. Eu ouço histórias como essa dos meus alunos de inglês o tempo todo, e passo por situações parecidas praticamente todos os dias quando estou no Brasil.

Por exemplo, rapidamente descobri que *abraços* é uma palavra muito usada no português brasileiro para terminar cartas, e-mails e até conversas: "tchau, até mais, beijos, tchau tchau, abraços!". Com um dicionário em mãos, qualquer um pode traduzir diretamente essa simples palavra para inglês como *hugs*. Contudo, essa tradução estaria errada, pois *hugs* nunca é usado para se despedir nos Estados Unidos. *Hugs* soa bastante engraçadinho e infantil no inglês americano, e optamos, em vez disso, por sinalizações muito mais impessoais, como *talk soon (a gente se fala)* e *take care (se cuida)*. Você também pode ver *cheers* no Reino Unido (e cada vez mais nos EUA). Porém, quando brasileiros deixam comentários em inglês no YouTube, traduzir *abraços* como *hugs* continua sendo uma das traduções erradas mais comuns que vejo.

Perceba que estou me referindo a esses exemplos como traduções erradas, e *não* como erros. Essencialmente, essas traduções erradas têm menos a ver com o idioma do que com a cultura. A missão principal do meu canal no YouTube é abordar e ensinar essas diferenças culturais entre o Brasil e os EUA, inclusive saudações, comportamentos e modos de reagir em situações específicas.

Por exemplo, eu me diverti à beça filmando um vídeo inteiro sobre o famigerado dedo balançando – o dedo abanando que os brasileiros parecem invocar vinte vezes por dia como um gesto para dizer *não*; um *não* desprovido de qualquer raiva ou rancor. Nos EUA, balançar o dedo para alguém é um dos gestos mais passivo-agressivos que se pode fazer. É equiparado a uma repreensão não verbal, poderosa o suficiente para fazer crianças teimosas pararem de se comportar mal, e potente o bastante para iniciar brigas em uma quadra de basquete (#DikembeMutombo – Mutombo foi um importante jogador de basquete que fez carreira nos EUA, entre os anos 1990 e 2000, famoso pelo gesto negativo usando os dedos da mão). Porém, no Brasil, esse movimento despreocupado parece sempre significar um educado e nada irônico "no, thanks". A resposta para um vendedor de chapéus que se aproxima em Copacabana: *dedo balançando*. "Aquele restaurante aceita cartão de crédito?" *Dedo balançando.* "Você vai querer outra cerveja?" *Dedo*

We indeed learn more about culture than we do about language through these translations of gestures and idiomatic expressions. Before I traveled to Brazil for the first time, a friend had told me that it's polite to kiss a woman on the cheek when you greet her in an informal situation. This is an intimidating proposition to an American. What if I do it wrong? What if it's awkward? What about my personal bubble? Right before our flight Lauren and I even practiced this kiss on the cheek, and my experience with it in Brazil proved to be my introduction to the famous human warmth of Brazilians, a palpable feeling that foreign tourists constantly remark on.

Nowadays, every time I return home to the US I very much miss this gesture when interacting with my female friends. A kiss on the cheek clears the air, makes the conversation more comfortable and personal, and is ultimately less awkward than a handshake or a curt wave amongst friends. However, if a Brazilian man leaned in to kiss an American woman on the cheek in the US, she would probably let it happen but likely not understand this earnest Brazilian offering of human warmth. The kiss on the cheek is an innocent and friendly Brazilian gesture that could absolutely be mistranslated as an aggressive romantic advance in American culture.

As for me, I've grown accustomed to the *abraços* and *afagos* – the hugs and pats on the shoulder between male friends in Brazil – and without hesitation I sign off all my Portuguese emails sending hugs and kisses to everyone. Unsurprisingly, the English phrase that we most often use to express this sentiment at the end of a letter is "tell her I said hello." How cold and impersonal in comparison!

At the end of the day, translating words and phrases is a crisp and exact science while translating customs and gestures is a much more intimate and squishy exercise of sharing and giving between fellow human beings. Both types of translation must be considered when interacting in a foreign language to avoid embarrassing situations. One of the many small advantages of my YouTube channel has been precisely this, that together we're learning more than how to accurately translate words. We're learning how to translate, with empathy and openness, one another's culture.

balançando... Apesar de que a minha resposta para essa última pergunta provavelmente seria um polegar levantado, que é outro gesto dez vezes mais comum no Brasil do que nos EUA.

Não existe um gesto educado balançando o dedo na cultura americana, então os brasileiros são obrigados a encontrar uma maneira diferente para traduzir essa parte da sua cultura em inglês. Nos EUA, normalmente fala-se um "não, obrigado" ou, se você estiver comendo, pode balançar a cabeça e depois dizer um rápido "obrigado" quando não estiver mais de boca cheia.

De fato, nós aprendemos mais sobre a cultura do que sobre a língua através dessas traduções de gestos e expressões idiomáticas. Antes de viajar ao Brasil pela primeira vez, um amigo me disse que é educado beijar uma mulher na bochecha ao cumprimentá-la em uma situação informal. Esse é um comportamento intimidador para um americano. E se eu fizer errado? E se ficar esquisito? E a minha bolha pessoal? Logo antes do nosso voo, Lauren e eu até treinamos esse beijo na bochecha, e a minha experiência com isso no Brasil acabou sendo o modo como conheci pela primeira vez o famoso calor humano dos brasileiros, um sentimento palpável que é constantemente percebido pelos turistas estrangeiros.

Hoje em dia, toda vez que volto aos EUA, sinto muita saudade desse gesto quando interajo com amigas. Um beijo na bochecha deixa o clima mais leve, torna a conversa mais confortável e pessoal, e, no fim das contas, é menos esquisito do que um aperto de mão ou um aceno seco entre amigos. Contudo, se um homem brasileiro se inclinasse para beijar uma mulher americana na bochecha nos EUA, possivelmente ela o deixaria ir em frente, mas provavelmente sem entender essa pura e sincera oferta brasileira de calor humano. O beijo na bochecha é um gesto inocente e amigável dos brasileiros que poderia, com toda certeza, ser erroneamente interpretado como uma agressiva investida romântica na cultura americana.

Quanto a mim, eu me acostumei aos abraços e afagos – e também aos tapinhas nas costas entre amigos no Brasil – e, sem pestanejar, eu me despeço em todos os meus e-mails em português mandando abraços e beijos para todos. Não é à toa que a frase em inglês que usamos mais frequentemente para expressar esse sentimento no final de uma carta é "diz pra ela que eu mandei um oi". Como é frio e impessoal, quando comparamos!

No fim das contas, traduzir palavras e frases é uma ciência fria e exata, enquanto que traduzir costumes e gestos é um exercício muito

mais íntimo e flexível de compartilhamento e doação entre seres humanos solidários. Ambos os tipos de tradução devem ser considerados quando interagimos em uma língua estrangeira para evitar situações embaraçosas. Uma das muitas vantagenzinhas do meu canal do YouTube tem sido precisamente isso, que juntos nós aprendemos mais do que simplesmente traduzir palavras exatamente. Nós aprendemos como traduzir, com empatia e franqueza, a cultura um do outro.

10

CÊ PÊ ÉFE

The morning after I learned the difference between *atacado* and *varejo* (*bulk* vs. *grocery*) I walked over to the bulk grocery store to buy my food for the week. I was living in an apartment in Butantã during my two-month stint at the University of São Paulo's Atmospheric Science Department. I shared this apartment with five other people, the majority of them students my age, and every morning walking from my tiny bedroom into the windowless kitchen I would give them one of the various greetings that I had learned from my Brazilian Portuguese textbook: "Bom dia! Tudo bem? Como é que você está?" Their responses were almost always the same, and I became very comfortable with this predictable sort of interaction. I would respond, "Bom dia. Tudo bem. E você?"

In the grocery store, arriving at the cash register with a cart full of noodles and *maracujá* (my favorite Brazilian fruit) I prepared for another predictable interaction with the same morning greetings. I briefly met eyes with the cashier, and as she looked away with disinterest she uttered a phrase I had never heard before:

"Bom dia, cê pê éfe?"

"Você what?" I thought to myself. The intonation of the phrase seemed like a question, but I had never heard that P-word before, and the textbook hadn't mentioned anything of the sort. I decided to respond with a simple "Bom dia," and the rest of the transaction went ostensibly smoothly.

At another cash register in a smaller grocery store, guaraná in hand, I received the same question with the same strange P-word: "Boa tarde, cê pê éfe?"

"Boa tarde," I responded. I paid, wagged my finger when the cashier asked if I wanted a plastic bag, and rushed home to look up the verb *pêéfer*.

In none of the online dictionaries I consulted did I encounter *pêéfer*. I concluded that I was simply mishearing this mysterious word, and I gradually forgot that I didn't in fact know what it meant. I grew so accustomed to "Cê pê éfe?" that I decided it must just be another

10

CÊ PÊ ÉFE

Na manhã depois de ter aprendido a diferença entre atacado e varejo, caminhei até o atacadão para fazer as compras de comida para a semana. Eu estava morando em um apartamento no Butantã durante o meu período de dois meses no Departamento de Ciências Atmosféricas da Universidade de São Paulo. Eu dividia esse apartamento com outras cinco pessoas, a maioria estudantes da minha idade, e, toda manhã, quando eu ia do meu quartinho até a cozinha americana, eu os cumprimentava com uma das várias saudações que tinha aprendido no meu livro didático de português brasileiro: "Bom dia! Tudo bem? Como é que você está?". As respostas deles eram quase sempre as mesmas, e eu fiquei muito confortável com esse tipo de interação previsível. Eu responderia: "Bom dia. Tudo bem. E você?".

No atacadão, chegando ao caixa com um carrinho cheio de macarrão e maracujá (minha fruta brasileira favorita), eu me preparei para outra interação previsível com as mesmas saudações matinais. Eu e a moça do caixa nos entreolhamos rapidamente e, quando ela virou o olhar para o outro lado, desinteressada, pronunciou uma frase que eu nunca tinha ouvido antes:

"Bom dia, cê pê éfe?"

"Você o quê?", pensei comigo mesmo. A entonação da frase parecia uma pergunta, mas eu nunca tinha ouvido aquela palavra com P antes, e o livro didático não tinha mencionado nada do gênero. Eu decidi responder com um simples "Bom dia", e o resto da transação ocorreu de modo aparentemente tranquilo.

Em outro caixa de um pequeno supermercado, com um guaraná na mão, ouvi a mesma pergunta com a estranha palavra com P novamente: "Boa tarde, cê pê éfe?".

"Boa tarde", respondi. Eu paguei, fiz que não com o dedo, quando o caixa perguntou se eu queria uma sacola plástica e fui para casa para procurar o verbo *pêéfer*.

common greeting in Brazil, and I started to use it when greeting my colleagues at USP.

"Bom dia professor, você pê éfe?"

This is, after all, how young children learn a language. They mimic the sounds they've heard from their parents a thousand times, eventually forming words and phrases that they learn to employ in similar situations.

"E aí cara, cê pê éfe?"

My officemate stopped me. "What did you say?"

"I said, 'Cê pê éfe.'"

"As in, CPF? *Cadastro de Pessoas Físicas*? Where did you learn that?!" He busted out laughing.

After an incredulous minute, my officemate explained to me that in Brazil every newborn is assigned a number that becomes their Natural Persons Register (CPF), equivalent to one's Social Security Number (SSN) in the US. But unlike in the US, where one's SSN is guarded under lock and key for fear of identity theft, in Brazil one's CPF is, among other things, the main number used to track rewards points in stores and restaurants. Consequently, Brazilian cashiers don't skip a beat between asking you how your day's going and asking you for the number you were assigned at birth. In São Paulo this whole greeting might even become, "Bom dia, tudo bem, CPF, nota fiscal?"

I didn't go so far as to start asking my Brazilian friends for their *nota fiscal*, but I had certainly embarrassed myself many, many times without perceiving it. Silly gringo. My horrified realization of this innocent mistake led to several days of sheepishness and great hesitance to speak with anyone in Portuguese. To this day I still smile every time I'm in the checkout line at a Brazilian grocery store.

Since the CPF snafu, I've made thousands more mistakes and have had hundreds more embarrassing moments both with friends and with

Não encontrei *pêéfer* em nenhum dicionário on-line que consultei. Concluí que eu estava simplesmente ouvindo errado essa misteriosa palavra e aos poucos me esqueci de que, de fato, eu não sabia o que significava. Eu fiquei tão acostumado com o "cê pê éfe?" que decidi que simplesmente seria outra saudação comum no Brasil, e comecei a usá-la ao cumprimentar os meus colegas na USP.

"Bom dia, professor, você pê éfe?"

Afinal de contas, é desse jeito que as crianças pequenas aprendem uma língua. Elas imitam os sons que ouviram dos seus pais umas mil vezes, finalmente formando palavras e frases que aprendem a empregar em situações parecidas.

"E aí cara, cê pê éfe?"

O meu colega de escritório me parou. "O que você disse?"

"Eu disse: 'cê pê éfe.'"

"Tipo, CPF? Cadastro de Pessoas Físicas? Onde você aprendeu isso?!" Ele caiu na gargalhada.

Depois de um minuto de incredulidade, o meu colega me explicou que no Brasil toda pessoa que nasce recebe um número que se torna o seu Cadastro de Pessoa Física (CPF), equivalente ao Número de Seguridade Social (SSN) de alguém nos EUA. Porém, diferentemente dos EUA, onde o SSN de alguém é guardado a sete chaves por medo de roubo de identidade, no Brasil, o CPF de alguém é, entre outras coisas, o número mais usado para acumular pontos de bônus em lojas e restaurantes. Consequentemente, os caixas brasileiros nem titubeiam entre perguntar como vai o seu dia e pedir o número que você recebeu quando nasceu. Em São Paulo, toda essa saudação pode até virar: "Bom dia, tudo bem, CPF, nota fiscal?".

Eu não fui tão longe a ponto de começar a pedir uma nota fiscal dos meus amigos brasileiros, mas eu certamente tinha passado vergonha muitas e muitas vezes sem perceber. Que gringo tolo! A minha percepção horrorizada desse inocente erro me levou a vários dias de constrangimento e grande hesitação em falar com qualquer um em português. Até hoje eu ainda sorrio toda vez que estou na fila do caixa de um supermercado brasileiro.

strangers. I asked my friend if he wanted to *fazer barro comigo* instead of *fazer barra comigo* (*poop with me* vs. *do pull-ups with me*). I gave an agricultural lecture in which for over an hour I referred to farmers as *caipiras* (rednecks) instead of *fazendeiros*. I heard the phrase *Ela gosta?* and thought my friend was asking *É lagosta?* (*Does she like it?* vs. *Is it lobster?*) to which I responded that no, it's not lobster, what the heck are you talking about Gabi.

Every single one of us who has stepped out of his or her comfort zone and spoken in a foreign language has stories like this. Not only are my mistakes funny and fun to relive once the momentary trauma has worn off, but they are also mistakes that I will never, ever make again. I now know how to refer to farmers and pull-ups and my nonexistent CPF: "Não precisa."

The sooner you accept the fact that embarrassing moments are absolutely, unequivocally inevitable while you're learning English, the sooner you will be able to reach fluency. My turning point in Brazil was the moment I stopped worrying about embarrassing myself and dared to just open my mouth, trying to express whatever it was that I wanted to say, however haphazardly. Every time an opinion or question occurred to me, I forced myself to turn it into Portuguese, out loud, instead of guarding it within me because of uncertainty. I was mentally prepared for the failure, or the triumph.

Since this mental shift I've made scores more embarrassing mistakes, but I've never been ridiculed because of them. The small triumphs of effective communication occurred more and more frequently, stepping stones toward the largest triumph — speaking Portuguese fluently.

I often tell my English students that if you're not making 200 mistakes a day, you're not using and speaking the language enough (advice I first heard from the great Benny Lewis, the first polyglot to develop a social media following). I encourage my students to view their own English mistakes not as a harsh reminder that they still haven't reached fluency, but instead as a reaffirmation that they're following the absolute right steps to achieve English fluency faster.

It takes guts to admit that you're not perfect, I know. It's hard. It's a humbling experience. But life's too short to take yourself too seriously. Go make mistakes, boldly. Go learn from your mistakes, graciously. We're in this together!

Desde a confusão com o CPF, já cometi milhares de outros erros e tive outras centenas de momentos embaraçosos, tanto com amigos quanto com desconhecidos. Eu perguntei ao meu amigo se ele queria *fazer barro comigo* em vez de *fazer barra comigo*. Dei uma palestra sobre agricultura na qual, por mais de uma hora, eu me referi aos fazendeiros como *caipiras*. Eu ouvi a frase "Ela gosta?", e pensei que minha amiga estivesse perguntando "É lagosta?", respondi que não, que não era uma lagosta, e ainda perguntei: "Que diabos você está dizendo, Gabi?".

Cada um de nós que saiu da sua zona de conforto e falou em uma língua estrangeira tem histórias como essa. Os meus erros não são apenas engraçados e divertidos para reviver outra vez o trauma momentâneo que passei, mas também são erros que eu nunca, jamais, vou cometer de novo. Agora eu sei como me referir a fazendeiros e barras e ao meu CPF inexistente: "Não precisa".

Quanto antes você aceitar o fato de que momentos embaraçosos são absoluta e inequivocamente inevitáveis durante o aprendizado de inglês, mais cedo você conseguirá alcançar a fluência. O meu momento decisivo no Brasil foi quando parei de me preocupar em passar vergonha e ousei simplesmente abrir a minha boca, tentando expressar o que quer que eu quisesse dizer, mesmo que confusamente. Toda vez que uma opinião ou pergunta me ocorria, eu me forçava a transformá-la em português, em voz alta, em vez de guardá-la dentro de mim por causa de incerteza. Eu estava mentalmente preparado para o fracasso ou o triunfo.

Desde essa mudança mental, cometi mais centenas de erros embaraçosos, mas nunca fui ridicularizado por causa deles. Os pequenos triunfos da comunicação efetiva ocorreram cada vez mais frequentemente, abrindo o caminho para o triunfo maior: falar português fluentemente.

Com frequência, digo aos meus alunos de inglês que se você não estiver cometendo 200 erros por dia, você não está usando nem falando a língua o suficiente (um conselho que ouvi pela primeira vez do grande Benny Lewis, o primeiro poliglota a conquistar um público nas mídias sociais). Eu encorajo os meus alunos a ver os seus próprios erros de inglês não como um lembrete agressivo de que ainda não alcançaram a fluência, mas, em vez disso, como uma reafirmação de que estão seguindo os passos certos para alcançar a fluência em inglês mais rapidamente.

É preciso coragem para admitir que você não é perfeito, eu sei. É difícil. É uma experiência de humildade. Mas a vida é curta demais para você se levar tão a sério. Cometa erros, corajosamente. Aprenda com os seus erros, graciosamente. Tamo junto!

10 BETTER WAYS TO SAY
YOU'RE WELCOME!

Not everyone responded to my *obrigados* with *de nada* during my two months in São Paulo in 2016, which was the response my grammar textbook had taught me to expect. Instead I heard exclamations such as "Que isso!" and "Imagina!"

I began to notice the same thing back in the United States. English learners are taught to say, "You're welcome!" after being thanked, but when two women thanked me for holding the door for them in downtown Fort Collins it wasn't "You're welcome!" that came out of my mouth but rather, "No prob!"

Because "You're welcome!" sounds a bit formal, you won't hear it too often in everyday life in the United States. Feel free to employ it in more formal situations such as a business meeting or a fancy dinner, but try out these ten more common options elsewhere:

1. John Doe: Thank you.

You: No problem! (close to *sem problemas*; often abbreviated to "No prob!")

11

AS 10 MELHORES MANEIRAS DE DIZER *YOU'RE WELCOME!*

Durante os dois meses em que estive em São Paulo, em 2016, nem todos responderam aos meus "obrigados" com "de nada", que era a resposta que o meu livro didático de gramática tinha me ensinado. Em vez disso, ouvi exclamações como "que isso!" e "imagina!".

Comecei a perceber a mesma coisa ao voltar aos Estados Unidos. Alunos de inglês aprendem a dizer "you're welcome!" depois de ouvirem um agradecimento, mas quando duas mulheres me agradeceram por segurar a porta para elas no centro da cidade de Fort Collins, não foi "you're welcome!" que saiu da minha boca, mas "no prob!".

Como "you're welcome!" soa um pouco formal, você não vai ouvir isso muito frequentemente na vida cotidiana nos Estados Unidos. Sinta-se à vontade para empregá-lo em situações mais formais, como em uma reunião de negócios ou em um jantar chique, mas experimente estas dez opções mais comuns em outros lugares:

2. John Doe: Thank you.
You: No worries! (close to *sem problemas*, but literally *sem preocupações*)

3. John Doe: Thank you.
You: Sure! (close to *com certeza*)

4. John Doe: Thank you.
You: Sure thing! (close to *imagina*, but literally *coisa segura*)

5. John Doe: Thank you.
You: Any time! (in the sense that any time they need help, you'll help)

6. John Doe: Thank you.
You: Yep. (a short and less polite response, but you will hear people say it)

7. John Doe: Thank you.
You: Don't mention it! (when you feel that what you did was so small that it doesn't even merit a thank you; literally *não mencione*)

8. John Doe: Thank you.
You: No, thank *you*! (emphasis on *you*; when you feel that what John did for you was greater than what you did for him, similar to *obrigado você*)

9. John Doe: Thank you.
You: That's okay! (I had a coworker from New Zealand who used this expression all the time; I had never heard it before!)

10. John Doe: Thank you.
You: My pleasure! (the only option here more formal than, "You're welcome!")

1. Fulano: *Thank you.*
Você: *No problem!* (parecido com "sem problemas"; frequentemente abreviado para "no prob!")

2. Fulano: *Thank you.*
Você: *No worries!* (parecido com "sem problemas", mas literalmente "sem preocupações")

3. Fulano: *Thank you.*
Você: *Sure!* (parecido com "com certeza")

4. Fulano: *Thank you.*
Você: *Sure thing!* (parecido com "imagina", mas literalmente "coisa certa")

5. Fulano: *Thank you.*
Você: *Any time!* (no sentido de que em qualquer momento que a pessoa precisar de ajuda, você vai ajudar)

6. Fulano: *Thank you.*
Você: *Yep.* (uma resposta curta e menos educada, mas você vai ouvir as pessoas dizerem isso)

7. Fulano: *Thank you.*
Você: *Don't mention it!* (quando você sente que o que você fez foi tão insignificante que nem merece um obrigado; literalmente: "não mencione")

8. Fulano: *Thank you.*
Você: *No, thank you!* (com ênfase no you; quando você sente que o que o Fulano fez por você foi maior do que o que você fez por ele, parecido com: "obrigado você")

9. Fulano: *Thank you.*
Você: *That's okay!* (Eu tive um colega de trabalho da Nova Zelândia que usava essa expressão o tempo todo; eu nunca tinha ouvido isso antes!)

10. Fulano: *Thank you.*
Você: *My pleasure!* (a única opção aqui mais formal do que "you're welcome!")

12

BRAZIL IS A
THREE-LEGGED DOG

I'm going to give you a word, and as soon as you read it I want you to close your eyes and tell me what comes to mind first.

Brasília.

Now close your eyes.

Welcome back. What did you come up with? Images of the Planalto Central? The voice of Renato Russo? Political corruption?

If you're not a Brazilian and have never been to The Tropical Country, perhaps this word made you think of soccer or samba, or perhaps you thought of the rainforest or the beach, though Brasília has neither. I found the following snippet on the label of a bottle of Brasilia Blueberry flavored water in an American grocery store: "Brasilia, Brazil — sounds fancy, right? Exotic. Adventurous. Romantic, even. It sounds like a faraway place with exotic, faraway things and unbelievable flavor. Plus, it only has 5 calories per serving and no added sugar!"

This whimsical description illustrates the stark divide between how Brazil is viewed by a native *versus* by a clueless but well-intentioned outsider. Exotic and adventurous – a Brazilian might laugh at these rose-colored adjectives used to describe their sprawling capital city. Blueberries don't even grow in Brazil! But I, too, once shared in this innocent fantasy of Brazil as a veritable paradise as I combed through the pages of my first Brazilian Portuguese textbook in 2011.

By 2014 I had learned Portuguese well enough to communicate in Salvador and Foz do Iguaçu during the World Cup, and by 2016 I was reading Portuguese well enough to completely understand every comment left by Brazilians on my YouTube videos. Among the myriad

12

O BRASIL É UM
CACHORRO PERNETA

Eu vou escrever uma palavra e, assim que você a ler, quero que feche os olhos e me diga a primeira coisa que pensar:

Brasília.

Agora, feche os olhos.

Bem-vindo de volta! Em que você pensou? Imagens do Planalto Central? A voz do Renato Russo? Corrupção política?

Se você não for brasileiro e nunca tiver ido ao país tropical, talvez essa palavra tenha feito você pensar em futebol ou samba, ou talvez você tenha pensado na floresta tropical ou na praia, apesar de Brasília não ter nenhuma delas. Em um supermercado americano, eu achei o seguinte trecho no rótulo de uma garrafa de água com sabor de mirtilo feita em Brasília: "Brasília, Brasil — parece chique, não? Exótico. Aventureiro. Até romântico. Parece ser um lugar distante com coisas exóticas e longínquas e um sabor inacreditável. Além disso, só tem 5 calorias por porção e não tem adoçantes artificiais!".

Essa descrição caprichosa ilustra a drástica diferença entre como o Brasil é visto por um nativo comparado a um estrangeiro desavisado, embora bem-intencionado. Exótico e aventureiro — um brasileiro poderia rir desses adjetivos animadores usados para descrever a sua extensa capital. Mirtilo nem é originário do Brasil! Mas eu também já compartilhei essa inocente fantasia do Brasil como um autêntico paraíso, enquanto passava as páginas do meu primeiro livro didático de português brasileiro em 2011.

Até 2014, eu tinha aprendido português bem o suficiente para me comunicar em Salvador e Foz do Iguaçu durante a Copa do Mundo,

positive feedback, however, were negative comments that took me completely by surprise. These pissy comments started to encroach my channel and my psyche like weeds:

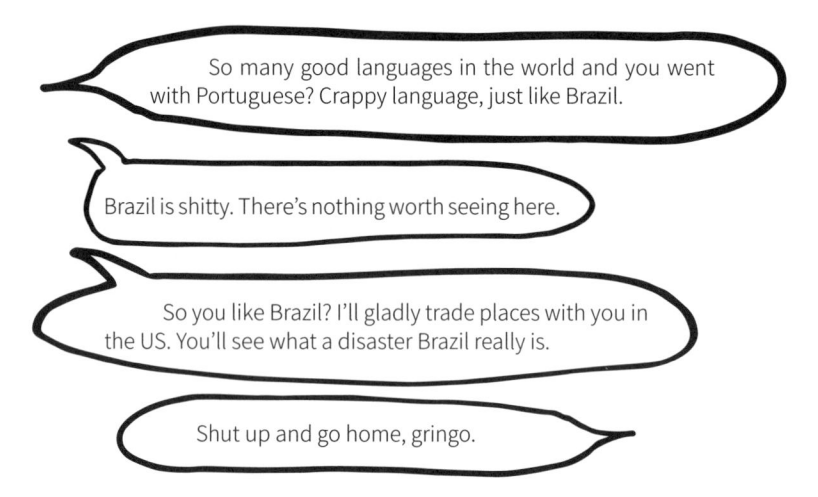

As an innocent and well-meaning newcomer to both YouTube and Brazil, I was blindsided by these comments. I used to be much more affected by negative feedback than I am now, and it took me years to ignore the haters. For example, if I received 1,000 likes and 3 dislikes on a video, I would wonder what I had done to earn those dislikes. I wondered what I had done wrong by wanting to embrace Brazil and learn Brazilian Portuguese.

I found out that this uniquely Brazilian flavor of self-denigration has a name: mongrel complex, or *vira-latismo*. After the trauma of Uruguay defeating Brazil in the 1950 World Cup, Brazilian author Nelson Rodrigues wrote:

> By "mongrel complex" I mean to say the inferiority with which Brazilians voluntarily place themselves before the rest of the world. Brazilians are narcissists in reverse, who spit at their own image. Here's why: we can't seem to find a single historical or personal reason to have any self-esteem.

Brazil finally won its first World Cup in 1958, but the inferiority complex persisted. This attitude of *vira-latismo* remains rampant in Brazil today, but to an American it is an entirely foreign concept. For

e, em 2016, eu já estava lendo em português bem o suficiente para entender completamente cada comentário deixado por brasileiros nos meus vídeos do YouTube. No meio da miríade de feedbacks positivos, contudo, havia comentários negativos que me pegaram de surpresa. Esses comentários depreciativos começaram a invadir o meu canal e a minha psique como ervas daninhas:

Tantas línguas boas no mundo e tu vai aprender logo português? Língua podre assim como o Brasil.

O Brasil é uma merda. Não tem nada de bom para ver aqui.

Então você gosta do Brasil? Eu adoraria trocar de lugar com você nos EUA. Aí você vai ver como o Brasil é uma verdadeira bagunça.

Cala a boca e vai pra casa, gringo.

Como um novato inocente e bem-intencionado, tanto no YouTube quanto no Brasil, fui surpreendido negativamente por esses comentários. Antes eu era bem mais afetado por feedbacks negativos do que agora, e precisei de anos para ignorar os detratores. Por exemplo, se eu recebesse mil "gostei" e três "não gostei" em um vídeo, eu ficava pensando no que tinha feito para merecer esses "não gostei". Eu ficava pensando que tinha feito algo de errado ao querer abraçar o Brasil e aprender o português brasileiro.

Descobri que esse gosto exclusivamente brasileiro pela autodepreciação tem um nome: complexo de vira-lata ou vira-latismo. Depois do trauma de o Uruguai derrotar o Brasil na Copa do Mundo de 1950, o escritor brasileiro Nelson Rodrigues escreveu:

> Por "complexo de vira-lata" entendo eu a inferioridade em que o brasileiro se coloca, voluntariamente, em face do resto do mundo. O brasileiro é um narciso às avessas, que

instance, ask a gringo and a Brazilian to chat about Brazilian soccer. The gringo might bring up Pelé, but the Brazilian is more likely to focus on their 7x1 World Cup loss to Germany – I can't tell you how many times I've heard Brazilians lamenting that damn *sete a um*.

While most Brazilians consider the *sete a um* a national embarrassment, it seems to me that few people outside of Brazil and Germany even remember that this game happened, and those that do certainly don't think any less of Brazil as a country. It's as if those brooding Brazilians yearn to feel and refeel the punishment of *sete a um*, to grovel at a phantom statue of defeat in order to keep themselves in their inferior place. "Brazilians are always so worried about what other people think about Brazil," my wife once told me after hearing yet another Brazilian bring up *sete a um* during our third trip to Brazil in 2017.

Brazil, like the US and every nation in the world, has issues and injustices that must be confronted and resolved by its citizens – violence, income inequality, and political corruption come readily to mind. The frustration with these problems is very understandable. However, as an everyday optimist I have to wonder: Rather than complaining to well-meaning foreigners, is it possible to propagate an outwardly positive image of Brazil while at the same time striving inwardly to solve these domestic issues?

I recently installed a running app on my phone. This app, sponsored by Adidas, has a feature called Story Running, which narrates your journey as you pretend you're jogging in a foreign country. I recently tried the Story Run called "Rio's Marvels of Life" and as I imagined myself running in Rio, the narrator, a pleasant New Yorker visiting Brazil for the first time, had these things to say:

> You know, Brazil is a place I've dreamed about going to, but never thought I'd set foot in. I imagine Rio to be a little paradise. I think it has a lot in store for me. Now I have a chance to get to know the city firsthand, and I'm thrilled.
> …
> Tonight, there's a samba event in Urca. That name – Urrrca. Sounds intriguing, right?
> …
> Brazil never ceases to amaze me! I cautiously eye an army platoon on the roadside, fully armed to the teeth. It looks like a movie set where the good guys are going to kick some ass!

cospe na própria imagem. Eis a verdade: não encontramos pretextos pessoais ou históricos para a autoestima.

O Brasil finalmente ganhou a primeira Copa do Mundo em 1958, mas o complexo de inferioridade persistiu. Essa atitude de vira-latismo permanece desenfreada no Brasil ainda hoje, mas, para um americano, esse é um conceito completamente estranho. Por exemplo, peça a um gringo e a um brasileiro para conversarem sobre futebol brasileiro. O gringo talvez mencione o Pelé, mas o brasileiro irá focar, muito provavelmente, na derrota de 7x1 na Copa do Mundo para a Alemanha – já perdi as contas de quantas vezes ouvi brasileiros lamentando aquele maldito resultado.

Enquanto a maioria dos brasileiros considera o 7x1 uma vergonha nacional, eu penso que poucas pessoas fora do Brasil e da Alemanha sequer lembram que esse jogo aconteceu, e aquelas que lembram certamente não menosprezam o Brasil como um país por causa disso. É como se os brasileiros ansiassem por sentir a punição do 7x1, para se humilhar para uma estátua fantasma da derrota e continuar no seu lugar inferior. "Os brasileiros estão sempre tão preocupados com o que as outras pessoas pensam sobre o Brasil", minha esposa uma vez me disse, depois de ouvir mais um brasileiro mencionar esse jogo durante a nossa terceira viagem ao Brasil, em 2017.

O Brasil, assim como os EUA e qualquer nação no mundo, tem problemas e injustiças que devem ser confrontados e resolvidos pelos seus cidadãos – violência, desigualdade de renda e corrupção política vêm logo à mente. A frustração com esses problemas é muito compreensível. Contudo, como um otimista incurável, tenho que pensar: em vez de reclamar para estrangeiros bem-intencionados, é possível propagar uma imagem externa positiva do Brasil e, ao mesmo tempo, tentar resolver esses problemas domésticos?

Recentemente, instalei um aplicativo de corrida no meu celular. Esse aplicativo, patrocinado pela Adidas, tem um recurso chamado Story Running (Corrida com História), que narra a sua jornada, enquanto você finge que está correndo em um país estrangeiro. Experimentei a Corrida com História chamada "As Maravilhas da Vida no Rio" e, enquanto eu me imaginava correndo no Rio de Janeiro, o narrador, um agradável nova-iorquino visitando o Brasil pela primeira vez, dizia:

> They look alert, as if they're expecting the worst, but what
> can happen in broad daylight? Everyone around here walks
> carefree, so I'll just jog casually.

I had to laugh at this last one. "What can happen in broad daylight" ...besides an assault?! There were 60,000 homicides in Brazil in 2018, and the majority of my Brazilian friends have been mugged at gunpoint. I scoffed at the naïveté of the Story Run's happy-go-lucky gringo narrator. *Sabe de nada, inocente!* And then it hit me: This feeling of superiority I felt, precisely because I understood more about Brazil's perceived inferiority, was a classic example of *vira-latismo*! I had grown to love Brazil, but alongside this cultivated love came a cynical side, a learned knee-jerk reaction to any overly positive view of Brazil, just as in those disparaging comments I receive on my YouTube channel. The past five years of interacting with Brazil and Brazilians had taught me how to be a mongrel.

I understand it now. I understand that Brazil is not perfect. I understand the frustration of wanting to embrace Brazil but having to live its imperfections every day. I understand what it's like to root for a country's success but to see that country fail its people over and over again.

Love for an imperfect place is a confusing feeling. Cleveland, Ohio, where I grew up, is one of the US's most rundown, violent, corrupt cities and frequently the butt of American jokes. Author David Giffels, also from Cleveland, explains his own strange love for our dying city in this way:

> The place I love is a three-legged dog. Everyone who's ever
> loved a three-legged dog knows you love that dog more than
> one with a handsome pedigree. Because it needs you more.
> And that's what true love is: the warmth of being needed.

Perhaps Brazil, too, is a three-legged dog. It is this warmth of being needed that we feel as we continue to love and defend a place that has obvious defects. But unlike a literal three-legged dog, which cannot be blamed for his missing fourth leg, it is easy to be angry at Brazil because of its potential. We know that it in a perfect world Brazil could rightfully have a beautiful pedigree, a place among the planet's first-world countries because of its geography, its natural resources, and its people. But also unlike a three-legged dog, which cannot regrow his missing leg, Brazil

Sabe, o Brasil é um lugar que sonhei visitar, mas onde nunca pensei que fosse colocar os pés. Imagino que o Rio seja um pequeno paraíso. Acho que tem muitas coisas pra mim. Agora eu tenho a chance de conhecer a cidade em primeira mão, e estou empolgado.

...

Hoje à noite, tem um samba na Urca. Aquele nome – Urrrca. Parece intrigante, né?

...

O Brasil nunca para de me maravilhar! Eu observo atentamente um pelotão do exército no acostamento, totalmente armado até os dentes. Parece uma cena de filme em que os mocinhos vão botar pra quebrar! Eles parecem alertas, como se estivessem esperando o pior, mas o que pode acontecer em plena luz do dia? Todos por aqui andam despreocupados, então vou apenas correr casualmente.

Eu tive que rir dessa última. "O que pode acontecer em plena luz do dia"... Além de um assalto?! Houve 60 mil homicídios no Brasil em 2018, e a maioria dos meus amigos brasileiros já foi assaltada à mão armada. Eu zombei da ingenuidade do narrador gringo despreocupado da Corrida com História. Sabe de nada, inocente! E, então, caí na real: esse sentimento de superioridade que eu sentia, precisamente por ter entendido mais sobre a inferioridade percebida do Brasil, era um exemplo clássico de vira-latismo! Eu acabei me apaixonando pelo Brasil, mas junto desse amor cultivado veio um lado cínico, uma reação aprendida automaticamente para qualquer visão positiva do Brasil, exatamente como naqueles comentários depreciativos que recebo no meu canal do YouTube. Nos últimos cinco anos de interação com o Brasil, e os brasileiros me ensinaram a ser um vira-lata.

Agora eu entendo. Entendo que o Brasil não é perfeito. Entendo a frustração de querer abraçar o Brasil, mas ter que viver as suas imperfeições todo dia. Entendo o que é desejar o sucesso de um país, mas ver esse país fracassar com o seu povo, dia após dia.

O amor por um lugar imperfeito é um sentimento confuso. Cleveland, Ohio, onde eu cresci, é uma das cidades americanas mais degradadas, violentas, corruptas e frequentemente alvo de piadas dos americanos. O autor David Giffels, que também é de Cleveland, explica o seu próprio amor estranho, pela nossa cidade moribunda, desta forma (em tradução livre):

can change its current situation. Brazil has the potential to regrow, to regenerate, and to regain that handsome pedigree.

I feel a duty toward my family, my community, and my country here in the US, and almost every Brazilian I meet feels the same way about Brazil, their homeland. The challenge for us is to find a way to love our three-legged dog while at the same time *being a part of the solution.* Constructing an outwardly positive image of Brazil might be the first step to solving the problem. This means not bringing up the *sete a um* defeat at every opportunity. This means refraining from calling Brazil a *merda* to online strangers learning Portuguese. Indeed, the worst form of cowardice is to complain about a situation but do nothing to fix it.

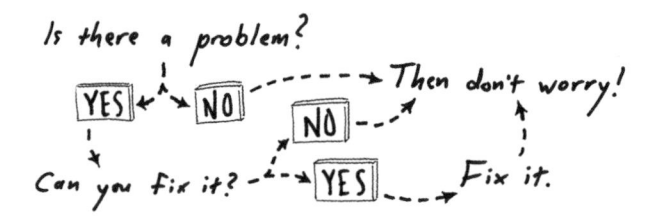

It's time to stop perpetuating *vira-latismo* and to start feeling the warmth of being needed.

O lugar que eu amo é um cachorro perneta. Todo mundo que já amou um cachorro perneta sabe que você ama esse cachorro mais do que qualquer um com um lindo pedigree. Porque ele precisa mais de você. E é isto que o verdadeiro amor é: o acalento de ser necessário.

Talvez o Brasil também seja um cachorro perneta. E é esse acalento de ser necessário que sentimos, à medida que continuamos amando e defendendo um lugar que tem defeitos evidentes. Mas, diferentemente de um cachorro perneta de verdade, que não tem culpa por ter perdido a quarta pata, é fácil ficar com raiva do Brasil por causa do seu potencial. Sabemos que, em um mundo perfeito, o Brasil poderia muito bem ter um lindo pedigree, ocupar um lugar entre os países de primeiro mundo do planeta, por causa da sua geografia, dos seus recursos naturais e do seu povo. Porém, ao contrário de um cachorro perneta, que não pode fazer crescer a sua pata perdida, o Brasil pode mudar a sua situação atual. O Brasil tem o potencial de voltar a crescer, regenerar-se e recuperar aquele lindo pedigree.

Eu sinto uma obrigação para com a minha família, minha comunidade e meu país aqui nos EUA, e quase todo brasileiro que conheço se sente da mesma maneira em relação ao Brasil, sua terra natal. O desafio para nós é encontrar um jeito de amar o nosso cachorro perneta e, ao mesmo tempo, ser parte da solução. Construir uma imagem externa positiva do Brasil pode ser o primeiro passo para resolver o problema. Isso não significa relembrar a derrota de 7x1 em cada oportunidade. Significa evitar chamar o Brasil de uma merda para estrangeiros on-line que aprendem português. De fato, a pior forma de covardia é reclamar sobre uma situação, mas não fazer nada para corrigi-la.

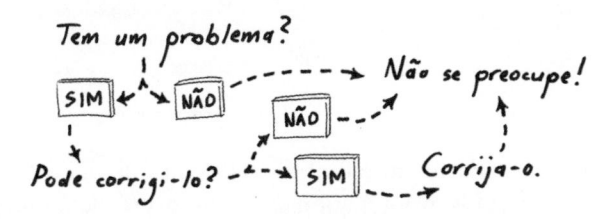

Está na hora de parar de perpetuar o vira-latismo e começar a sentir o afeto de ser necessário.

13

10 THINGS **I LOVE** ABOUT BRAZILIAN PORTUGUESE

1. **NASALS.** Whenever I hear a Brazilian toddler scream "MAMÃÃÃEEE!" I shake my head in wonder that a child can so effortlessly perform a skill that gives non-native speakers so much trouble. It took me half a tongue-tied decade to hear the difference between *pau* and *pão* because nasal sounds such as *ão* and *õe* simply don't exist in English. In order to pronounce Maranhão and Camões, gringos are taught to think of the –ng of *sang* and *song*. It's hardly adequate advice, but it's the best we've got.

2. **MELODY.** You've probably heard that spoken Portuguese sounds to foreigners as if it were being sung. This rumor is true, and my wife has told me that she hears it in *mineiros* and *goianos* especially. Much of this melody comes from the necessity to intonate questions in Portuguese:

	PORTUGUESE	ENGLISH
STATEMENT	*Elas são amigas.*	They are friends.
QUESTION	*Elas são amigas?*	Are they friends?

In spoken Portuguese, the only way to distinguish a question from a statement is by intonation and facial expression. But in English, we make a statement into a question by reordering the words or by adding auxiliary verbs such as do and did. We are neither obligated to intone our voice nor arch an eyebrow to communicate

13

10 COISAS QUE **EU AMO** NO PORTUGUÊS BRASILEIRO

1. SONS NASAIS. Sempre que ouço uma criancinha brasileira gritar "MAMÃÃÃEEE!", eu balanço a minha cabeça maravilhado com uma criança executando uma habilidade que dá tanto trabalho a falantes não nativos. Eu precisei de meia década para distinguir a diferença entre *pau* e *pão*, pois os sons nasais como *ão* e *õe* simplesmente não existem em inglês. Para pronunciar Maranhão e Camões, os gringos são ensinados a pensar no –ng de *sang* e *song*. Dificilmente é um conselho adequado, mas é o melhor que temos.

2. MELODIA. Você provavelmente já ouviu que o português falado soa aos estrangeiros como se estivesse sendo cantado. Isso é verdadeiro, e a minha esposa diz que o percebe principalmente na fala dos mineiros e goianos. Muito dessa melodia vem da necessidade de entonar as perguntas em português:

	PORTUGUÊS	INGLÊS
AFIRMAÇÃO	Elas são amigas.	*They are friends.*
PERGUNTA	Elas são amigas?	*Are they friends?*

No português falado, a única maneira de distinguir uma pergunta de uma afirmação é pela entonação e expressão facial. Porém, em inglês, transformamos uma afirmação em uma pergunta reordenando as palavras ou adicionando verbos

our curiosity. After so much anglophonic monotony, a warm gust of intonated Portuguese fills the air in soft, melodic contrast.

3. EPENTHETICS. *Facebook* pronounced in English has two syllables, but pronounced in Brazilian Portuguese it has four: *Fei-ci-bu-qui*. The tendency of most Brazilians to add these unnecessary *e*'s and *i*'s in spoken English contributes to the mystique of the Brazilian accent. *Fast food, hot dog, Brad Pitt.* Despite this, most Americans would still have trouble identifying and imitating the charming, almost childlike accent of a Brazilian. It's easy for Americans to peg a Frenchman or a Russian, but perhaps the majority of us simply don't have enough experience interacting with Brazilians yet.

4. GENDER. In Portuguese you can distinguish between *amigos* and *amigas*, but English has no gender. Both *amigos* and *amigas* are simply *friends*. If you must clarify you cannot say *boyfriends*, because *boyfriends* means *namorados*. You must instead say *friends who are boys,* which sounds clunky and annoying.

The genders of Portuguese are useful, but for Americans learning Portuguese this is a facet to language they have never before encountered. How are we supposed to remember that *cofre* and *iogurte* are masculine but *neve* is feminine? Why in God's name is *tribo* feminine but *planeta* masculine? Why did technological loanwords such as *playlist* and *Live* become feminine? Did *YouTube* become masculine because of *iogurte*? Things that aren't possible in English are possible in Portuguese because of gender. "Estou falando do... do... da... do... da... da possibilidade" of reading a speaker's mind, or at least trying to guess what they were going to say as they oscillated between genders before arriving at a final word. In English, "the... the... the... the pauses" just aren't as interesting.

A common question that we speakers of genderless English have for native speakers of a Romance language is whether they perceive everyday objects such as pens (feminine) and pencils (masculine) to be imbued with feminine or masculine souls due to their gender. I posed this question to my Brazilian YouTube followers in late 2016 and about a third of them said that yes, they do sense this imaginary dichotomy. How poetic this extra layer of perception must be!

auxiliares como *do* e *did*. Não somos nem obrigados a entonar a nossa voz nem arquear uma sobrancelha para comunicar a nossa curiosidade. Depois de tanta monotonia anglófona, uma calorosa rajada de português entonado enche o ar com um contraste suave e melódico.

3. **EPÊNTESE.** *Facebook* pronunciado em inglês tem duas sílabas, mas pronunciado em português brasileiro tem quatro: *Fei-ci-bu-qui*. A tendência da maioria dos brasileiros de adicionar essas letras "e" e "i", desnecessárias no inglês falado, contribui para a mística do sotaque brasileiro. *Fast food, hot dog, Brad Pitt.* Apesar disso, grande parte dos americanos ainda teria problemas para identificar e imitar o sotaque charmoso e quase infantil de um brasileiro. É fácil para os americanos distinguir um francês ou um russo, mas talvez a maioria de nós simplesmente ainda não tenha experiência suficiente interagindo com brasileiros.

4. **GÊNERO.** Em português, é possível distinguir entre *amigos* e *amigas,* mas no inglês não há gêneros. Tanto *amigos* quanto *amigas* são simplesmente *friends*. Se você tiver que esclarecer, não pode dizer *boyfriends*, pois *boyfriends* significa *namorados*. Em vez disso, você deve dizer *friends who are boys* (amigos que são meninos), o que soa desajeitado e chato.
Os gêneros do português são úteis, mas, para os americanos aprendendo português, é uma faceta da língua que nunca conheceram antes. Como é que eu vou me lembrar que *cofre* e *iogurte* são masculinos, mas *neve* é feminino? Por que, em nome de Deus, *tribo* é feminino, mas *planeta* é masculino? Por que as palavras emprestadas da tecnologia, como *playlist* e *Live*, ficam femininas? Será que *YouTube* ficou masculino por causa de *iogurte*? Coisas que não são possíveis em inglês são possíveis em português por causa do gênero. Estou falando do... do... da... do... da... da possibilidade de ler a mente de um falante, ou pelo menos tentar adivinhar o que ele vai dizer enquanto oscila entre os gêneros antes de chegar à palavra final. Em inglês, "the... the... the... the pauses" simplesmente não são tão interessantes. Uma pergunta comum que nós, falantes do inglês sem gêneros, temos para falantes nativos de uma língua românica é se eles

5. A GENTE. I often use music to learn Portuguese and absorb the culture. Instead of listening passively, I actively seek out little grammar lessons. It was while listening to Tribalistas that I first discovered *a gente*, the unique pronoun of Brazilian Portuguese that, despite meaning *we*, is conjugated in the third-person singular. "A gente canta, a gente dança, a gente não se cansa."
Do the same active seeking as you listen to American music. As each song gets stuck in your head and remains in your memory, so will the little grammar lessons.

6. FEEDBACK. Learning Brazilian Portuguese turned me into an extrovert.
It took two years after cracking open my first Portuguese textbook to gather the courage to seek out a Brazilian conversation partner online. I started chatting with Doug from São Paulo once a week. During our first Skype conversations I was shocked at how much Doug "interrupted" me while I was speaking: *É. É mesmo? Certo. Tendi. Aham. Ah é? Sério? Nossa. Tá. Tá. Tá.* With each of Doug's interjections I would pause to see if he wanted to say something, only to find him silently nodding and awaiting my next line. When it came Doug's turn to speak he would say a few sentences but then stop, each time apparently waiting for some sort of verbal feedback from me. I started anticipating his pauses and filling them with the word *interessante. Interessante. Interessante.*
One night, after perhaps my eighteenth *interessante*, Doug interrupted me in earnest to exclaim, "Gavin, you speak like a textbook! Stop saying *interessante* and use these other words instead." And so it was that I learned about *tá, tá, tendi* – the plethora of *fi-di-bé-qui* that occurs during a typical Brazilian conversation. *Da hora, meu!*
You see, we speakers of American English are unaccustomed to offering so much verbal feedback when speaking with others. We are content to listen to the other speaker without a budge of the tongue, remaining more or less expressionless except for the occasional *interesting*. I carried this tendency of my native tongue into my first Portuguese Skype sessions with Doug.
However, in much the same way that Brazilian custom has men and women kiss cheeks rather than shake hands, a

percebem os objetos do dia a dia, como canetas (feminino) e lápis (masculino), como sendo imbuídos de almas femininas ou masculinas devido ao seu gênero. Eu fiz essa pergunta aos meus seguidores brasileiros do YouTube no final de 2016, e aproximadamente um terço deles disse que sim, eles sentem essa dicotomia imaginária. Como deve ser poética essa camada extra de percepção!

5. **A GENTE.** Frequentemente, uso música para aprender português e absorver a cultura. Em vez de escutar passivamente, busco ativamente aulinhas de gramática. Foi enquanto eu escutava Tribalistas que descobri pela primeira vez *a gente,* o único pronome do português brasileiro que, apesar de significar *nós,* é conjugado na terceira pessoa do singular. "*A gente* canta, a gente dança, a gente não se cansa."
Faça a mesma busca ativa ao escutar música americana. Assim como cada música gruda na sua cabeça e permanece na sua lembrança, as aulinhas de gramática também grudam.

6. **FEEDBACK.** Aprender português brasileiro me deixou extrovertido. Foram necessários dois anos, após eu abrir o meu primeiro livro didático de português, para criar coragem e procurar um parceiro de conversa brasileiro on-line. Comecei a bater papo com o Doug, de São Paulo, uma vez por semana.
Durante as nossas primeiras conversas pelo Skype, fiquei chocado com a quantidade de vezes que o Doug me "interrompia" enquanto eu estava falando: *É. É mesmo? Certo. Tendi. Aham. Ah é? Sério? Nossa. Tá. Tá. Tá.* Com cada uma das interjeições do Doug, eu parava para ver se ele queria dizer alguma coisa, depois só o via balançando silenciosamente a cabeça e esperando pela minha próxima fala. Quando chegou a vez do Doug falar, ele dizia algumas frases, mas depois parava, aparentemente esperando por algum tipo de feedback verbal da minha parte. Eu comecei a prever as pausas dele e preenchê-las com a palavra *interessante. Interessante. Interessante.*
Em uma noite, talvez depois do meu décimo oitavo *interessante,* o Doug me interrompeu bem sério e exclamou: "Gavin, você tá falando como um livro didático! Pare de dizer *interes-*

Brazilian is practically required to offer verbal feedback during a conversation – if you don't do it, you're a sociopath.

Thus it seems that the linguistic and cultural norms of Brazil make it downright hard to be an introvert! Could this be where Brazil's perceived human warmth comes from? I've even found myself giving excessive verbal feedback in English conversations now: *Yeah. Really? Gotcha. I understand. Mmhmm. Really? For real? Geez. Right. Right. Right.* But remember that this is not the norm here in the United States. If you're speaking perfect English with an American and they look at you without reacting, it's not that they're not understanding you; it's just this cultural difference coming into play.

7. **"QUATRÓCLISE".** Try to tell me it's not easy to understand Portuguese enclisis. Even mesoclisis can be clearly understood. But then try to tell me that the Portuguese language isn't marvelous, especially reading this great word in *The Hour of the Star* by Clarice Lispector:

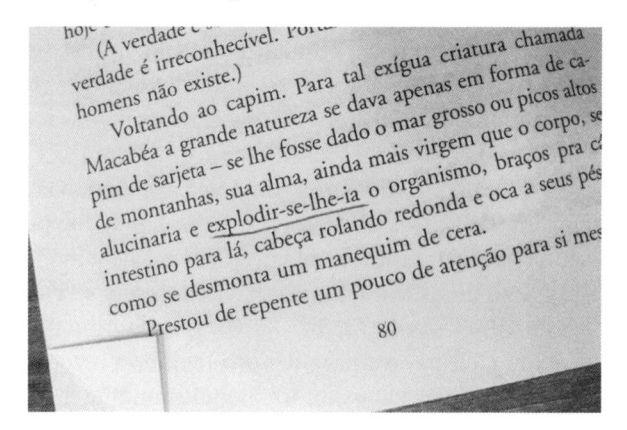

LISPECTOR, Clarice. *A hora da estrela*. Rio de Janeiro: Rocco, 1998, 1st edition.

I will tell you that it is a true joy each and every day I learn more about Brazil and Brazilian Portuguese.

sante e use essas outras palavras em vez disso." E foi então que eu aprendi sobre *tá, tá, tendi* – a abundância de *fi-di-bé-qui* que ocorre durante uma típica conversa brasileira. *Da hora, meu!* Sabe, nós, falantes de inglês americano, não estamos acostumados a oferecer tanto feedback verbal quando falamos com os outros. Ficamos felizes em escutar a outra pessoa sem mexer a língua, permanecendo mais ou menos inexpressivos, exceto pelo ocasional *interesting*. Eu levei essa tendência da minha língua nativa para as minhas primeiras sessões no Skype com o Doug.

Contudo, exatamente como o costume brasileiro de homens e mulheres se beijarem na bochecha em vez de apertarem as mãos, um brasileiro é praticamente obrigado a oferecer feedback verbal durante uma conversa – se você não fizer isso, é um sociopata.

Parece que as normas linguísticas e culturais do Brasil fazem com que seja bastante complicado ser introvertido! Será que é daí de onde vem o famoso calor humano brasileiro? Eu me vi dando feedback verbal excessivamente em conversas em inglês agora: *yeah. Really? Gotcha. I understand. Mmhmm. Really? For real? Geez. Right. Right. Right.* Apenas lembre-se de que essa não é a norma aqui nos Estados Unidos. Se você estiver falando inglês perfeitamente com um americano e ele olhar para você sem reagir, não significa que ele não está entendendo você; é apenas essa diferença cultural entrando em ação.

7. **"QUATRÓCLISE".** Diga-me se não é fácil entender a ênclise do português. Até compreender-se-ia claramente uma mesóclise. E, então, conte-me se a língua portuguesa não é maravilhosa, principalmente ao ler esta grande palavra em *A Hora da Estrela*, de Clarice Lispector:

8. SER & ESTAR. *Você está linda. Você é linda.* There is a big difference between the verbs *ser* and *estar*, yet they are lumped into the same verb in English: *to be*. Entire chapters in my dog-eared Portuguese textbooks are dedicated to this distinction that doesn't exist in English. Understanding this distinction gave me a glimpse into how the mind of a Brazilian works and now helps me perceive my surroundings on a deeper level.

Every foreign language provides its learners with just that — a deeper level of thought via an understanding of another language structure. For example, what Portuguese manages to express with one verb, *fazer*, takes two verbs in English: *to do* and *to make*. A Brazilian learning English might view the world differently after having to analyze whether something *feito* was *done* or *made*.

However, there is nothing that a given language *cannot* express. It may just take more words or a different logic to convert that thought into syntax. English expresses the difference between *está linda* and *é linda* as such: *You look beautiful. You are beautiful.*

9. BEAUTIFUL VERBS. Although there is nothing that a language cannot express, Portuguese is replete with useful verbs that simply aren't as succinct in English:

aproveitar	to make the most of
caprichar	to take good care of
cursar	to be enrolled in an academic program
desabafar	to get something off your chest by talking about it
desgastar	to wear out to the point of disuse
despedir-se	to say goodbye
entreolhar	to look at one another
estranhar	to find it strange
etc.	

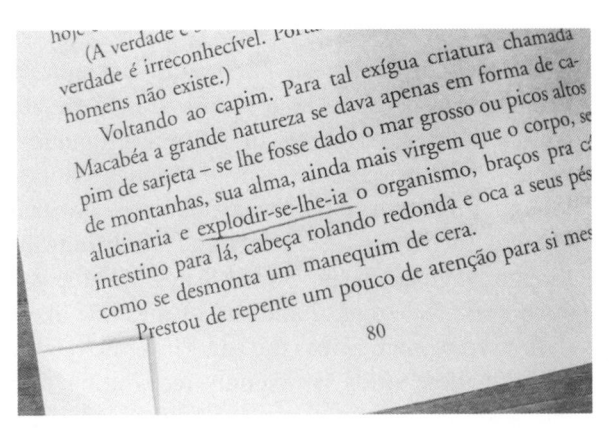

hoje ~
(A verdade é irreconhecível. Por...
verdade é irreconhecível.)
homens não existe.)
Voltando ao capim. Para tal exígua criatura chamada
Macabéa a grande natureza se dava apenas em forma de capim de sarjeta – se lhe fosse dado o mar grosso ou picos altos
de montanhas, sua alma, ainda mais virgem que o corpo, se
alucinaria e explodir-se-lhe-ia o organismo, braços pra cá
intestino para lá, cabeça rolando redonda e oca a seus pés
como se desmonta um manequim de cera.
Prestou de repente um pouco de atenção para si mes

80

LISPECTOR, Clarice. A hora da estrela. Rio de Janeiro: Rocco, 1998, 1ª edição.

Falar-lhe-ei que realmente é um encanto a cada dia aprender mais sobre o Brasil e a língua portuguesa.

8. SER E ESTAR. Você está linda. Você é linda. Há uma grande diferença entre os verbos *ser* e *estar*, mesmo assim, eles são englobados pelo mesmo verbo em inglês: *to be*. Capítulos inteiros nos meus livros didáticos de português, cheios de orelhas, são dedicados a essa distinção que não existe em inglês. Entender essa diferença me deu um vislumbre de como a mente de um brasileiro funciona e agora me ajuda a perceber o que está ao meu redor com mais profundidade.

Cada língua estrangeira oferece aos seus aprendizes simplesmente isto: um nível mais profundo de pensamento através de um entendimento de outra estrutura de língua. Por exemplo, o que o português consegue expressar com um verbo, *fazer*, o inglês precisa de dois: *to do* e *to make*. Um brasileiro aprendendo inglês pode ver o mundo diferentemente depois de ter que analisar se algo *feito* foi *done* ou *made*.

Contudo, não há nada que uma língua específica *não possa* expressar. Talvez simplesmente precise de mais palavras ou uma lógica diferente para converter esse pensamento em sintaxe. O inglês expressa a diferença entre *está linda* e *é linda* assim: *You look beautiful. You are beautiful.*

10. **BADASS.** I never swear. But I must use a swear word here to adequately express how badass it is to be able to tell my compatriots that I speak Brazilian Portuguese. Those I tell usually arch an eyebrow – *Wow!* – and they ask me how and why I taught myself, since hardly anyone learns Brazilian Portuguese here in the United States. Heck, hardly anyone learns *any* foreign language in the United States. Just the words *Brazilian Portuguese* feel tropical and full of mystery, like the gaze of a dark-eyed woman across the bar. Thus, the reward of my years of Portuguese study is not only recognition from Brazilians, but also recognition from my fellow Americans who view my fluency as an exotic linguistic accomplishment. Speaking Brazilian Portuguese is, for lack of a better word, badass.

9. **VERBOS LINDOS.** Apesar de não haver nada que uma língua não possa expressar, o português é repleto de verbos úteis que não são tão sucintos em inglês:

aproveitar	*to make the most of* (tirar o máximo de)
caprichar	*to take good care of* (cuidar bem de)
cursar	*to be enrolled in an academic program* (estar matriculado em um programa acadêmico)
desabafar	*to get something off your chest by talking about it* (tirar algo do seu peito, falando sobre isso)
desgastar	*to wear out to the point of disuse* (gastar algo até não poder usar mais)
despedir-se	*to say goodbye* (dizer tchau)
entreolhar-se	*to look at one another* (olhar um para o outro)
estranhar	*to find it strange* (achar estranho)
etc.	

10. **FODA.** Eu jamais digo palavrões. Mas preciso usar um palavrão aqui para expressar adequadamente como é fodástico poder dizer aos meus conterrâneos que eu falo português brasileiro. Aqueles para quem eu digo isso normalmente arqueiam uma sobrancelha – uau! – e me perguntam como e por que eu aprendi, já que quase ninguém aprende português brasileiro aqui nos Estados Unidos. Puxa, quase ninguém aprende nenhuma língua estrangeira nos Estados Unidos. Simplesmente as palavras "português brasileiro" soam tropicais e cheias de mistério, como o olhar de uma mulher de olhos negros do outro lado do bar. Assim, a recompensa dos meus anos de estudo de português não é apenas o reconhecimento dos brasileiros, mas também o reconhecimento dos meus conterrâneos americanos, que veem a minha fluência como uma conquista linguística exótica. Falar português brasileiro é, por falta de uma palavra melhor, foda.

14

THESE **5 INCREDIBLE SECRETS** TO YOUTUBE SUCCESS WILL CHANGE YOUR LIFE

When I converse with a new acquaintance I find myself wondering what her YouTube channel would look like. Becoming immersed in the YouTube scene has made me look at human beings differently, and in a weird way this post-modern perspective has made me value people more. During a conversation with this ostensibly normal person I imagine her hordes of potential followers, scattered throughout the world, any one of whom would jump at the privilege to interact one-on-one with her like I'm doing now.

Friendship is a search for kindred spirits, and so is YouTube – it's just that the net is cast wider. So believe me when I tell you:

Everyone has a successful YouTube channel within them. Even you. Yes, you, Carlos. And you, Fernanda. And you too, Mr. Silva.

You are a living, breathing YouTube channel. You are a unique personality coupled with a unique mixture of talents and interests that someone, somewhere, would clamor to watch. If you're thinking about creating your own channel, I encourage you to take the leap! Here are five pieces of advice I wish I had been told when I set out on my own YouTube journey:

14

ESTES **5 SEGREDOS INCRÍVEIS** PARA O SUCESSO NO YOUTUBE MUDARÃO A SUA VIDA

Quando converso com uma pessoa que conheci recentemente, fico imaginando como seria o canal do YouTube dela. Mergulhar no mundo do YouTube me fez olhar para os seres humanos de um jeito diferente e, estranhamente, essa perspectiva pós-moderna me fez valorizar mais as pessoas. Durante uma conversa com essa pessoa ostensivamente normal, imagino a sua multidão de potenciais seguidores espalhados pelo mundo; todos agarrariam com unhas e dentes o privilégio de interagir cara a cara com ela, como estou fazendo agora.

A amizade é uma busca por almas afins, e o YouTube também – só que essa rede é bem mais vasta. Então, acredite em mim quando eu digo que:

Todas as pessoas têm um canal do YouTube de sucesso dentro de si. Até você. Sim, você, Carlos. E você, Fernanda. E o senhor também, seu Silva.

Você é um canal vivo do YouTube. Isto é, você é uma personalidade única, com uma mistura única de talentos e interesses que alguém, em algum lugar, imploraria para assistir. Se você estiver pensando em criar o seu próprio canal, encorajo-o a dar o primeiro passo! Aqui, vão cinco conselhos que eu gostaria de ter recebido quando comecei a minha própria jornada no YouTube:

1. **THERE'S ROOM FOR YOU.** Burger King has spent very little money researching potential new locations. Their strategy is to locate existing McDonald's restaurants and simply build across the street. There are plenty of consumers to go around, and on the internet this is even more true – your potential audience is virtually limitless. Don't fall into the trap of thinking that if another YouTuber is already doing what you're doing, there's no room for you. Rather, the success of this other YouTuber is proof that there is a captive audience craving this type of content. It's proof that there *is* room at the table, and in the realm of content creation it's never too late to start.

2. **JUST DO IT.** A paradox: I love recording videos, but the hardest part of my job is pressing the record button. On days when I'm supposed to be on-camera I find ever cleverer ways to procrastinate. Once I've mustered the gumption to start recording, however, I enter a state of flow and end up recording the very videos that gain me tens of millions of views on YouTube. So I am a YouTuber who is afraid to start the camera. It is a fear of imperfection. I am a perfectionist, and I worry that I'll make a mistake or forget to mention something while I'm recording. I worry that my final product will be imperfect. Time and time again I am shown otherwise: Each and every finished video is liked and appreciated by multitudes of attentive viewers despite my feelings of imperfection. Indeed, there are old videos on SmallAdvantages that make me absolutely cringe with how imperfect they are, yet several of these videos have over a million views and all of them have thousands of likes and positive comments.
Despite whatever misgivings you have about your own perceived imperfections, just do it. Just hit record and put yourself out there. If I had waited to create SmallAdvantages until my Portuguese was perfect, my channel wouldn't exist and no one would benefit.

It is better to exist with

IMPERFECTIONS

than not to exist at all.

1. TEM ESPAÇO PARA VOCÊ. O Burger King gastou pouquíssimo dinheiro pesquisando novos locais em potencial. A estratégia deles é localizar lojas do McDonald's e simplesmente construir do outro lado da rua. Há clientes suficientes circulando por aí e na internet não é diferente – o seu público potencial é virtualmente ilimitado. Não caia na armadilha de pensar que se outro youtuber já está fazendo o que você está fazendo, não tem espaço para você. Pelo contrário, o sucesso desse outro youtuber é prova de que há um público cativo ávido por esse tipo de conteúdo. É prova de que sempre cabe mais um, e nunca é tarde demais para começar no universo de criação de conteúdo.

2. SIMPLESMENTE FAÇA. Um paradoxo: eu adoro gravar vídeos, mas a parte mais difícil do meu trabalho é apertar o botão de gravar. Nos dias em que devo filmar, eu encontro jeitos ainda mais inteligentes de procrastinar. Porém, quando crio a coragem para começar a gravar, entro em um estado de fluxo[1] e acabo gravando aqueles vídeos que me dão dezenas de milhões de visualizações no YouTube.

Então, eu sou um youtuber que tem medo de ligar a câmera. É o medo da imperfeição. Eu sou perfeccionista e me preocupo em cometer um erro ou me esquecer de mencionar alguma coisa enquanto estou gravando. Eu me preocupo se o meu produto final está perfeito. Diversas vezes, acontece exatamente o contrário: cada vídeo finalizado é curtido e apreciado por uma grande diversidade de espectadores atentos, apesar da minha sensação de imperfeição. De fato, há vídeos antigos no SmallAdvantages que me deixam completamente constrangido de tão imperfeitos que são. Mesmo assim, vários desses vídeos têm mais de 1 milhão de visualizações, e todos juntos têm milhares de curtidas e comentários positivos.

Mesmo com todo receio que você tenha quanto às suas próprias imperfeições, simplesmente faça. Apenas aperte o botão de gravar e coloque a sua cara a tapa. Se eu tivesse esperado para criar o SmallAdvantages quando o meu português fosse perfeito, o meu canal não existiria e ninguém se beneficiaria.

---

[1] Nota do tradutor: estado mental de operação em que a pessoa que realiza uma tarefa está totalmente imersa em um sentimento de foco energizado, engajamento total e apreciação pelo processo da atividade.

3. GET TO THE POINT. In high school I was taught how to structure a good presentation:
a. Tell 'em what you'll tell 'em;
b. Tell 'em;
c. Tell 'em what you told 'em.

This advice could not be more wrong in today's world of social media and short attention spans. When I open YouTube to learn how to change my car battery, I don't want to see a guy standing for five minutes at the door to his garage explaining what kind of car he has, when he got it, and why his battery is dead. I want to see him open the hood at 0:01 and start changing the damn battery!

YouTube provides its creators with audience retention statistics that show exactly when your viewers click away from your videos. These are numbers that might scare you if you examine them too frequently, but they've taught me to stop introducing my English tips and instead just dive right in to the lesson as quickly as possible. The retention and success has followed. No matter what your subject on YouTube, get to the point and start engaging your viewers at 0:01.

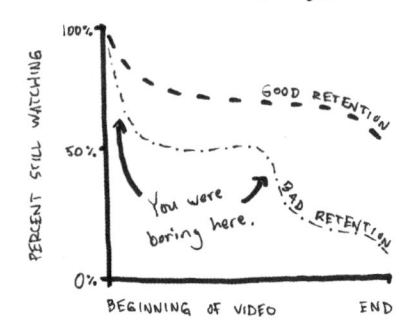

4. LURE YOUR AUDIENCE IN. You're watching a video on YouTube and notice the following three video recommendations on the sidebar. Which are you most likely to click on?
a. Different ways to say "no" in English
b. Some cultural differences between the US and Brazil

É melhor existir com

IMPERFEIÇÕES

do que não existir de jeito nenhum.

3. VÁ DIRETO AO PONTO. No ensino médio, aprendi a estruturar uma boa apresentação:
a. Diga o que você vai dizer.
b. Diga.
c. Diga o que você disse.

Esse conselho não poderia estar mais errado no mundo das mídias sociais e do déficit de atenção. Quando eu entro no YouTube para aprender como trocar a bateria do meu carro, não quero ver um cara de pé por cinco minutos na porta da garagem explicando que tipo de carro ele tem, quando o comprou e por que a bateria arriou. Eu quero vê-lo abrir o capô em um segundo e começar a trocar a droga da bateria!

O YouTube oferece aos seus criadores de conteúdo estatísticas de retenção de audiência que mostram exatamente quando os seus espectadores clicam para sair dos seus vídeos. Esses números podem assustar, se você os examinar com muita frequência, mas eles me ensinaram a parar de apresentar as minhas dicas de inglês e, em vez disso, apenas mergulhar diretamente na lição o mais rápido possível. A retenção e o sucesso vieram como consequência. Não interessa qual é o seu assunto no YouTube, vá direto ao ponto e comece a entreter os espectadores em um segundo.

RETENÇÃO DE PÚBLICO

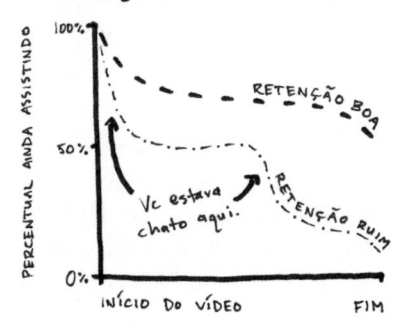

c. NEVER shake your finger at an American …

If you're anything like the majority of my subscribers you chose the third option, and so did I when I posted this video in October 2017. In reality each of the three titles accurately describes what I taught in that video, and in a way the title I went with was the least descriptive of the three. But it was the catchiest.

Coming up with an attention-grabbing title and thumbnail is harder work than most viewers realize. On each video I spend an average of one hour writing the script, one hour recording, five hours editing, and then one full, final hour on just the title and thumbnail (a full day's work for a five-minute video). It's very hard work to summon the creative energy for this final hour when you're so close to being done, but remember that your video's title and thumbnail are the only things a potential viewer sees when deciding whether or not to click on and watch your content.

In your titles and thumbnails, be as catchy as possible without lying. Be clickbait. Lure your audience in, and use the actual video to convince them why they should stay. Your viewers will forgive you for the clickbait video title if your content surprises or exceeds expectations — just as you're forgiving me for the clickbait title of this chapter.

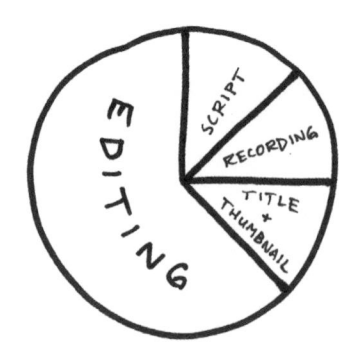

5. **BE CONSISTENT, BE THE BEST, BE YOURSELF.** All YouTube channels begin with zero subscribers. Few YouTube channels reach 10,000, and fewer still reach one million. What

4. ATRAIA A SUA AUDIÊNCIA. Você está assistindo a um vídeo no YouTube e percebe as três seguintes recomendações de vídeo na barra lateral. Em qual delas é mais provável você clicar?
a. Diferentes formas de dizer "não" em inglês
b. Algumas diferenças culturais entre os EUA e o Brasil
c. NUNCA abane o dedo a um americano...

Se você for pelo menos um pouco parecido com a maioria dos meus inscritos, você escolheu a terceira opção, e eu também, quando publiquei esse vídeo em outubro de 2017. Na realidade, cada um dos três títulos descreve precisamente o que eu ensinei naquele vídeo, e, de certa maneira, o título que escolhi foi o menos descritivo dos três. Mas era o mais chamativo.

Elaborar um título e uma imagem de capa que chamem a atenção dá mais trabalho do que a maioria dos espectadores pensa. Em cada vídeo, eu passo, em média, uma hora escrevendo o script, uma hora gravando, cinco horas editando, e mais uma hora só pensando no título e na imagem (um dia inteiro de trabalho para um vídeo de cinco minutos). É muito trabalhoso reunir energia criativa para essa hora final, quando você está tão perto de terminar, mas lembre-se de que o título e a imagem do seu vídeo são as únicas coisas que um espectador em potencial vê ao decidir se vai clicar ou não para assistir ao seu conteúdo.

Nos seus títulos e nas suas imagens, seja o mais chamativo possível, sem mentir. Seja clicável. Seduza a sua audiência e use o próprio vídeo para convencê-los por que deveriam assisti-lo. Os seus espectadores vão desculpá-lo por um título de vídeo como isca para cliques se o seu conteúdo surpreender e superar as expectativas – assim como você está me desculpando pelo título "clicável" deste capítulo.

happens between zero and 10,000 subscribers is the most crucial period for a YouTuber, and what a YouTuber chooses to do during this time is the single best predictor of his or her future success. My advice is simple and can be boiled down to two rules:

RULE #1: When you have zero to 10,000 subscribers, create content as though you have a million subscribers.

You are a content creator from day one, so welcome to the tribe! Never doubt your authority. Edit your videos to make them pleasing to watch, removing first takes and long pauses. Post regularly to build anticipation and prove your reliability. Use YouTube's analytics and your own intuition to figure out why one video got 200 views but another only 20. Tweak your style accordingly, but never lose confidence in your core idea. You must imagine that you are creating videos for a vast audience, and you must believe that you are the world's best authority on your chosen blend of topics. If the latter is true, and there's no reason it shouldn't be, the former will become true: You *will* get noticed, your early videos will gain exponentially more views, and it will end up that you were creating for a vast audience all along.

RULE #2: When you have a million subscribers, create content as though you have zero to 10,000 subscribers.

You gain a million subscribers by causing a million different people to fall in love with your content. After they've clicked subscribe, don't switch it up on them. Don't assume that well-known YouTubers are expected to act differently than others. Don't become someone different without a good reason. Keep being the person your subscribers fell in love with.

I call this the "normal dude" mindset. This mindset will:
- Remind you of your original passion and why you started a YouTube channel in the first place;
- Prevent you from feeling the imaginary pressure of two million eyeballs waiting for you to create;

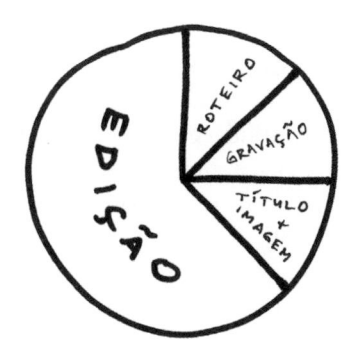

**5. SEJA CONSISTENTE, SEJA O MELHOR, SEJA VOCÊ MES-
MO.** Todos os canais do YouTube começam com zero inscrito.
Poucos alcançam 10 mil, e ainda menos canais alcançam 1 milhão. O que acontece entre zero e 10 mil inscritos é o período
mais crucial para um youtuber e, na minha opinião, o que um
youtuber escolhe fazer durante esse período é o melhor indi-
cador individual para o seu futuro sucesso. O meu conselho é
simples e pode ser resumido em duas regras:

*REGRA nº 1: Quando você tiver de zero a 10 mil inscritos, crie
conteúdo como se tivesse 1 milhão de inscritos.*

Você é um criador de conteúdo desde o primeiro dia, então
seja bem-vindo à tribo! Nunca duvide da sua autoridade. Edite
os seus vídeos para deixá-los agradáveis de assistir, removendo
as primeiras tomadas e as longas pausas. Publique regularmen-
te para gerar expectativa e provar a sua confiabilidade. Use as
análises estatísticas do YouTube e a sua própria intuição para
descobrir por que um vídeo recebeu 200 visualizações, mas outro apenas 20. Ajuste o seu estilo conforme o caso, mas nunca
perca a confiança na sua ideia central. Você deve imaginar que
está criando vídeos para uma ampla audiência, e deve acreditar que você é a maior autoridade do mundo no seu conjunto
selecionado de tópicos. Se este último for verdade, e não há
razão pela qual não deveria ser, aquele primeiro será verdade:
você será notado, os seus primeiros vídeos ganharão exponen-
cialmente mais visualizações, e você já estará criando conteúdo
para uma ampla audiência desde o começo.

– Help you retain your loyal audience and keep new folks coming.

The normal dude mindset takes mental energy to cultivate, but it has kept me focused and my YouTube channel successful. It has helped me avoid stress and stay grounded. Lack of humility is a plague that afflicts many YouTube "celebrities", and the normal dude mindset has allowed me to remain a peer rather than a pop star to my followers. It has kept me sane in this crazy online world by helping me distinguish between what's real and what's not.

Video statistics are abstract and have neither the power to console nor congratulate. But they do have the power to control. The normal dude mindset has helped me continue leading a simple life, a life full of real people and real relationships that make me happy and require no screen.

Just to be clear, simplicity can only be achieved through hard work.

Clarice Lispector

REGRA nº 2: Quando você tiver 1 milhão de inscritos, crie conteúdo como se tivesse de zero a 10 mil inscritos.

Você consegue 1 milhão de inscritos fazendo com que 1 milhão de pessoas diferentes se apaixonem pelo seu conteúdo. Depois de terem clicado para se inscrever, não mude quem você é. Não pense que se espera que youtubers famosos ajam diferentemente dos outros. Não se torne outra pessoa sem um bom motivo. Continue sendo a pessoa pela qual os seus inscritos se apaixonaram.

Eu chamo isso de mentalidade do "cara normal". Essa mentalidade irá:
- Continuamente lembrar você da sua paixão inicial e por que começou um canal no YouTube, em primeiro lugar;
- Evitar que você sinta a pressão imaginária de 2 milhões de olhos esperando que você crie;
- Reter o seu público fiel e fazer com que novas pessoas venham.

A mentalidade do cara normal precisa de energia mental para ser cultivada, mas ela me manteve focado e fez o meu canal do YouTube ser bem-sucedido. Ela me ajudou a evitar estresse e a manter os pés no chão. A falta de humildade é uma praga que aflige muitas "celebridades" do YouTube, e a mentalidade do cara normal me permitiu permanecer sendo um colega em vez de uma estrela para os meus seguidores. Ela manteve a minha sanidade nesse louco mundo on-line, ajudando-me a distinguir entre o que é real e o que não é.

As estatísticas de vídeo são abstratas e não têm poder de consolar nem de parabenizar. Porém, certamente têm o poder de controlar. A mentalidade do cara normal me ajudou a continuar levando uma vida simples, uma vida cheia de pessoas e relacionamentos de verdade que me fazem feliz e não precisam de uma tela.

Que ninguém se engane, só se consegue a simplicidade através de muito trabalho.

Clarice Lispector

15

FUZZINESS, **FLUENCY**, & FAKING IT

In 2017, three years after I first set foot in Brazil, I had the honor of appearing on a popular late night talk show in Brazil, *The Noite* with Danilo Gentili. If you pay careful attention to my interview, which is available on YouTube, you might notice a recurring word, my most frequent response to Danilo's questions and remarks: *É*. When used as a standalone sentence, this enchanting one-letter word is very much like the *yeah* of English, a non-committal "I heard what you said, and I acknowledge that you said it." It is versatile enough that an entire conversation can be composed of just *é*:

> *É. É? É!*
> It is. Really? Yeah!

The syntactical flexibility of *é* has made it my go-to response whenever I don't understand something said to me in Portuguese. With Danilo, for example, the following exchange happened 68 seconds into the interview:

> Danilo: *Antes da gente começar, fiquei sabendo que você trouxe um presente pra mim. Eu sou meio mendigão, entendeu? Chega gringo aqui e eu quero saber cadê meu presente!*
> Gavin: *É…*

I remember having no idea what he had said in that moment, but my Plan É worked. And it worked again five minutes later when my unsure response of *é* happened to fit Danilo's question perfectly, and I got away with not understanding the word *ruído*:

15

ACONCHEGO, **FLUÊNCIA** E FINGIMENTO

Em 2017, três anos depois de colocar os pés pela primeira vez no Brasil, tive a honra de aparecer em um programa de entrevistas popular do país: *The Noite*, com Danilo Gentili. Se você prestar muita atenção à minha entrevista, que está disponível no YouTube, poderá perceber uma palavra recorrente, a minha resposta mais frequente às perguntas e observações do Danilo: *É*. Quando usada como uma frase independente, essa encantadora palavra de uma letra só é muito parecida com o *yeah* do inglês, um descomprometido "ouvi o que você disse e reconheço que você disse isso". É tão versátil que toda uma conversa pode ser composta apenas de *é*:

É. É? É!

A flexibilidade sintática do *é* o tornou a minha resposta curinga sempre que não entendo algo que me dizem em português. Com o Danilo, por exemplo, o seguinte diálogo aconteceu aos 68 segundos da entrevista:

Danilo: *Antes da gente começar, fiquei sabendo que você trouxe um presente pra mim. Eu sou meio mendigão, entendeu? Chega gringo aqui e eu quero saber cadê meu presente!*
Gavin: *É…*

Eu me lembro de não fazer ideia do que ele tinha dito naquele momento, mas o meu plano de contingência funcionou. E funcionou de novo cinco minutos depois, quando a minha resposta insegura com *é* aconteceu para se encaixar perfeitamente à pergunta do Danilo, e eu me livrei apesar de não ter entendido a palavra *ruído*:

Danilo: *O sotaque é o grande ruído na hora da comunicação ser feita?*
Gavin: *É... é.*
Danilo: *Porque às vezes, eu por exemplo tenho a dificuldade muito grande para aprender inglês.*

My lack of understanding slid through undetected by Danilo, and the conversation continued. But even the most flexible linguistic tool has a breaking point. I was outed in the eighteenth minute of the interview when my *é* fit like a square peg in a round hole:

Danilo: *Você acha que se eu cometer um crime e for preso eu aprendo inglês?*
Gavin: *O quê?*
Danilo: *Se eu for preso, será que eu aprendo inglês finalmente?*
Gavin: *É... talvez.*

By using *é*, I inadvertently revealed to Danilo that I didn't actually understand his question. I recovered by adding *talvez* maybe, but I had still suffered a minor embarrassment.

Each of these instances is, in essence, an undetected lie – a lie motivated by vanity, a lie to mask my imperfect comprehension of Portuguese. Such lies do a direct disservice to Danilo, who in several instances believes, based on my reaction, that he successfully transmitted information to me, when in fact no message got through.

Being dishonest is rarely the best course of action. Therefore, the question that I struggled with while I approached fluency in Portuguese was:

Is it unethical to use filler words such as *é* or *yeah* to feign
comprehension, to pretend that you've understood someone
in a foreign language, when in reality you haven't?

Think about how babies learn to talk. Infants absorb the human noise around them like a sponge. They start imitating sounds, then strings of syllables, then entire blocks of chatter in what gradually becomes legitimate dialogue with adults. To me it seems like a miracle. Children don't ask for definitions, repetitions, or exceptions to the rule. If a child doesn't understand something said to her, she either gawks in silence or goes right on with what she was saying.

Danilo: *O sotaque é o grande ruído na hora da comunicação ser feita?*
Gavin: *É... é.*
Danilo: *Porque, às vezes, eu, por exemplo, tenho a dificuldade muito grande para aprender inglês.*

A minha falta de entendimento passou despercebida pelo Danilo, e a conversa continuou. Mas até a ferramenta linguística mais flexível tem um ponto fraco. Eu fui desmascarado aos 18 minutos de entrevista, quando o meu *é* pareceu estar totalmente fora de lugar:

Danilo: *Você acha que se eu cometer um crime e for preso eu aprendo inglês?*
Gavin: *O quê?*
Danilo: *Se eu for preso, será que eu aprendo inglês finalmente?*
Gavin: *É... talvez.*

Ao usar o *é*, eu revelei inadvertidamente ao Danilo que, na verdade, eu não tinha entendido a pergunta. Eu me recuperei adicionando *talvez*, mas, mesmo assim, ainda passei por um pequeno embaraço.

Cada um desses exemplos é, essencialmente, uma mentira não detectada – uma mentira motivada pela vaidade, uma mentira para mascarar a minha compreensão imperfeita do português. Essas mentiras causam um desserviço direto ao Danilo, que em vários casos acredita, baseado na minha reação, que ele transmitiu com sucesso as informações para mim, quando, na verdade, nenhuma mensagem foi transmitida.

Ser desonesto raramente é a melhor atitude a se tomar. Portanto, a pergunta com a qual eu tinha dificuldades, conforme me aproximava da fluência em português, era:

É antiético usar palavras de preenchimento como *é* ou *yeah* para simular compreensão, para fingir que você entendeu alguém em uma língua estrangeira, quando, na realidade, você não entendeu?

Pense em como os bebês aprendem a falar. As crianças pequenas absorvem o ruído humano ao seu redor como uma esponja. Elas começam a imitar os sons, depois, conjuntos de sílabas, em seguida, blocos inteiros de conversa, o que gradualmente se torna um diálogo legítimo

Adults do not have this luxury. Can you imagine being asked a question by a waiter and blankly staring in response? It doesn't work. As adults we're socially obligated to speak, to ricochet the dialogue. And so we search for filler words such as *é* and *yeah*, tiny bridges we can quickly deploy in fast-moving conversations to span the shrinking gaps in our growing vocabularies. This dilemma speaks more to our human nature than it does to our language learning abilities.

Think of a painfully awkward conversation that you've had in your own native language. I'll wait while you imagine it…

…Now imagine the exact opposite of an awkward conversation. Let's call this a fuzzy conversation. In a fuzzy conversation you feel at ease with the other speaker, your friend. You don't worry about what your friend thinks of you ("Am I saying the right thing?") so you effortlessly say exactly what you're thinking, mind to mouth. Your speech perfectly mirrors your thoughts; there are no background processes running on the internal hard-drive of your mind. The conversation's warmth radiates like a campfire.

Friendly people ask questions and provide verbal feedback – they want to have fuzzy conversations – but in a foreign language this special social skill is much harder to acquire than vocabulary. It frustrates me to be unable to express myself in Portuguese as I would in English. This frustration of not asking the questions you'd like to, of not reacting as authentically as you'd like to, of not being your typical fuzzy self, is almost painful. Moreover, you fear you'll make the other person feel uncomfortable through your own awkwardness: During my interview on *The Noite*, I wanted Danilo to feel fuzzy and comfortable just as much as I was hoping not to embarrass myself. Our usage of filler words

com os adultos. Para mim, isso parece um milagre. As crianças não perguntam por definições, repetições ou exceções à regra. Se uma criança não entende algo dito a ela, simplesmente olha fixamente em silêncio ou continua o que estava dizendo.

Os adultos não têm esse luxo. Você consegue se imaginar recebendo uma pergunta de um garçom e o encarar vagamente em resposta? Isso não funciona. Como adultos, somos socialmente obrigados a falar, a dar andamento ao diálogo. Então, procuramos por palavras de preenchimento, como *é* e *yeah*, pequenas pontes que podemos implementar rapidamente em conversas de ritmo rápido para tapar as pequenas lacunas no nosso crescente vocabulário. Esse dilema fala mais sobre a nossa natureza humana do que sobre as nossas habilidades de aprendizado de idiomas.

Pense em uma conversa bem esquisita que você teve na sua língua nativa. Vou esperar, enquanto você pensa...

... Agora, imagine o oposto de uma conversa esquisita. Vamos chamar isso de uma conversa aconchegante. Em uma conversa aconchegante, você se sente à vontade com a outra pessoa, seu amigo. Você não se preocupa com o que o seu amigo pensará de você ("estou certo?"), então você diz sem esforço exatamente o que está pensando, da mente para a boca. A sua fala espelha perfeitamente os seus pensamentos; não há processos rodando, em segundo plano, no disco rígido interno da sua cabeça. O calor da conversa se irradia como uma fogueira.

Pessoas amigas fazem perguntas e oferecem feedback verbal – elas querem ter conversas aconchegantes. Porém, em um idioma estrangeiro, essa habilidade social especial é muito mais difícil de adquirir do que vocabulário. Fico frustrado em não conseguir me expressar em português como faço em inglês. Essa frustração de

in a foreign language is evidence of our quest for the elusive fuzziness that we feel during conversations with friends in our mother tongue.

The other option is to ask for repetition once, twice, three times. In conversations about logistics, when it's crucial to accurately hear information, asking for repetition is indeed the correct approach. For example, I once asked for directions at a gas station in Salvador but didn't understand most of what the attendant said. I nodded, thanked him, and walked away. And I remained lost. I should have asked for repetition: "I'm sorry; I didn't understand you. Could you please repeat that?"

But in friendly conversations, it's much more important to let the conversation continue than to ask for repetition multiple times. Fuzziness and warmth is more vital to a language learner than the successful transmission of every last detail. I've come to see that this is a social issue, not an ethical one, and therefore I don't find it unethical to use well-intentioned filler words (moments of peace!) to feign comprehension in a foreign language.

I encourage my English students to actively find filler words and phrases and to integrate them into their conversational repertoire in order to circumvent embarrassment and engender fuzziness. *Yeah, well*, and *really* are great places to start. More fuzziness means better conversations, better conversations means more conversations, and more conversations means reaching fluency faster, when there will no longer be a need to use filler words because everything is understood and reacted to naturally. You end up becoming yourself again, but in a different language, and using filler words is what gets you there. It is. *É!*

não fazer as perguntas que você gostaria, de não reagir tão autenticamente, de não ser o seu típico eu espontâneo, é quase dolorosa. Além disso, você fica com medo de deixar a outra pessoa desconfortável por causa do seu próprio embaraço. Durante a minha entrevista no *The Noite*, eu queria que o Danilo se sentisse confortável, assim como eu esperava não passar vergonha. O nosso uso de palavras de preenchimento em uma língua estrangeira evidencia a busca pelo aconchego elusivo que sentimos durante conversas com amigos na nossa língua materna.

A outra opção é pedir para a pessoa repetir o que disse uma, duas, três vezes. Em conversas sobre logística, quando é crucial ouvir informações de modo preciso, pedir para repetir é, de fato, a abordagem correta. Por exemplo, uma vez eu pedi orientações em um posto de gasolina em Salvador, mas não entendi grande parte do que o frentista me disse. Eu concordei com a cabeça, agradeci e fui embora. E continuei perdido. Eu deveria ter pedido para ele repetir: "Desculpe; não entendi. Poderia repetir?".

Já em conversas entre amigos, é muito mais importante deixar a conversa fluir do que pedir para repetir várias vezes. O aconchego e o afeto são mais vitais para um aprendiz de idiomas do que a transmissão bem-sucedida de cada detalhe. Acabei vendo que isso é uma questão social, e não ética, e, portanto, não acho que seja antiético usar palavras de preenchimento bem-intencionadas (momentos de paz!) para fingir compreensão em uma língua estrangeira.

Eu encorajo os meus alunos de inglês a encontrarem ativamente palavras e frases de preenchimento e integrarem-nas ao seu repertório conversacional para driblar o embaraço e engendrar o aconchego. *Yeah*, *well* e *really* são ótimos para começar. Mais aconchego significa melhores conversas, melhores conversas significam mais conversas, e mais conversas significam alcançar a fluência mais rapidamente, quando já não haverá uma necessidade de usar palavras de preenchimento, pois tudo é entendido e as reações são naturais. Você acaba se tornando você outra vez, mas em uma língua diferente, e usar palavras de preenchimento é o que leva você até lá. É. *It is!*

16

PUTTING UP WITH
PHRASAL VERBS

I sometimes look at my Portuguese conjugation tables and wish I were a native speaker of a Romance language. While the English verb *do* has only five conjugations (*do, does, did, doing, done*) Portuguese is endowed with 56 unique conjugations of *fazer* (*faço, faz, fiz, fez, faziam, fizeram, fazerem, farão, fariam, faça, fizesse, fizermos, feito, etc.*). Brazilian adolescents have virtually no problem with these grammatical contortions, being exposed to them since birth, but imagine being a non-native speaker of Portuguese and having to memorize each and every verb in this way!

Every language in the world has a feature like this that can seem like pure evil to its learners. English pronunciation, for example, can certainly seem random and, well, evil. But as an English teacher, every time I come across a bizarre phrasal verb that I must figure out a way to explain to my Portuguese-speaking students, I feel the linguistic malevolence of the English language in my bones, and I give thanks to God that I'm a native speaker of English, exposed to phrasal verbs since birth.

Phrasal verbs, which don't exist in Portuguese, are verbs accompanied by prepositions such as *on, off, into, out of, up, down, forward*, or *across*. The addition of a preposition usually changes the meaning of the verb it follows. For example, the simple verb *come* means *vir* in Portuguese. Adding the preposition *across* forms the phrasal verb *come + across*, which can mean *encontrar* or *soar*, depending on the context:

She came to the party.

Yesterday I came across an injured dog.

His short farewell came across rude.

16
TOLERANDO OS
VERBOS FRASAIS

Às vezes, quando olho as minhas tabelas de conjugação de português, queria ser um falante nativo de uma língua românica. Enquanto no inglês o verbo *do* tem apenas cinco conjugações (*do, does, did, doing, done*), o português é dotado de 56 conjugações exclusivas do verbo fazer (faço, faz, fiz, fez, faziam, fizeram, fazerem, farão, fariam, faça, fizesse, fizermos, feito, etc.). Os adolescentes brasileiros não têm praticamente nenhum problema com essas contorções gramaticais, sendo expostos a elas desde que nasceram, mas imagine um falante não nativo de português tendo que memorizar cada verbo desse jeito!

Toda língua do mundo tem uma característica como essa, que pode parecer como pura maldade aos seus aprendizes. A pronúncia do inglês, por exemplo, certamente pode parecer aleatória e, digamos, malvada. Mas como professor de inglês, toda vez que eu cruzo com um verbo frasal bizarro para o qual tenho que imaginar uma forma de explicar aos meus alunos falantes de português, eu sinto a malevolência linguística do idioma inglês nos meus ossos, e dou graças a Deus por ser um falante nativo, exposto aos verbos frasais desde que nasci.

Verbos frasais, algo que não existe no português, são verbos acompanhados de preposições como *on, off, into, out of, up, down, forward* ou *across*. A adição de uma preposição normalmente muda o significado do verbo que a antecede. Por exemplo, o verbo *come* sozinho, em inglês, significa *vir*, em português. Adicionar a preposição *across* forma o verbo frasal *come + across*, que pode significar *encontrar* ou *soar*, dependendo do contexto:

She came to the party.
(Ela veio à festa.)

Come + *on* means something entirely different than *come* + *across*, as does *come* + *off*, *come* + *out*, etc. Another complicating factor is that some phrasal verbs are splittable while others aren't, and no rules or patterns exist to help guide a student of English. For example, *come* + *across* cannot be split, but the phrasal verb *figure* + *out*, meaning *descobrir* or *decifrar*, can. The following two sentences therefore mean the same thing:

I can't figure out this math problem.
I can't figure this math problem out.

But one couldn't say, "Yesterday I came an injured dog across."

I have interacted for years with Brazilians learning English, and I've found that the final skill they typically acquire is the ability to employ phrasal verbs instead of standard verbs when speaking or writing. For example, it would not be wrong to translate the Portuguese verb *encontrar* as *encounter* in English:

Yesterday I encountered an injured dog.

However, while *encounter* exists in English, it is much less common (and much more formal) than its counterpart phrasal verb, *come across*. Using a non-phrasal verb where a phrasal verb is more common is as revealing as a thick accent, demonstrating that, even if a speaker is conversational, he or she is not a native speaker.

I encourage you to devote extra time to studying phrasal verbs. Recognize them when they appear in Canadian books, British podcasts, and American TV shows. Getting the feel for phrasal verbs through exposure may be a better technique than rote memorization or flashcard study since there are just so many phrasal verbs and so few rules about which ones you can and can't split.

I want to give you a head start. I've paid attention to the speech patterns of my family and friends over the past several years, and I've come up with this list of 20 phrasal verbs I've perceived to be the most prevalent in day-to-day American English. In fact, about half of them appear somewhere in this book! I've listed the most common and useful meanings for each phrasal verb, but in time you'll likely discover that most of them have additional meanings, too. Note that it's rarely wrong *not* to split a phrasal verb, so I suggest keeping the preposition next to the main verb until you have a better feel for each phrasal verb's range of motion.

Yesterday I came across an injured dog.
(Ontem, encontrei um cão ferido.)

His short farewell came across rude.
(Sua curta despedida soou rude.)

Come + *on* significa algo totalmente diferente de *come* + *across,* assim como *come* + *off, come* + *out,* etc. Outro fator complicador é que alguns verbos frasais são divisíveis, enquanto outros não são, e não existem regras ou padrões para ajudar a orientar um aluno de inglês. Por exemplo, *come* + *across* não pode ser dividido, mas o verbo frasal *figure* + *out,* que significa *descobrir* ou *decifrar,* pode. As duas frases seguintes, portanto, significam a mesma coisa: *não consigo decifrar esse problema de matemática.*

I can't figure out this math problem.
I can't figure this math problem out.

Por outro lado, não seria possível dizer "Yesterday I came an injured dog across."

Tenho interagido há anos com brasileiros que estudam inglês, e descobri que a última habilidade que normalmente adquirem é a habilidade de empregar verbos frasais, em vez de verbos padrão, quando estão falando ou escrevendo. Por exemplo, não seria errado traduzir o verbo português *encontrar* como *encounter,* em inglês:

Yesterday I encountered an injured dog.
(Ontem, encontrei um cão ferido.)

Contudo, mesmo que *encounter* exista em inglês, ele é muito menos comum (e muito mais formal) do que o seu respectivo verbo frasal, *come across.* Usar um verbo não frasal onde um verbo frasal é mais comum é tão revelador quanto um sotaque forte, demonstrando que, mesmo se um falante estiver no nível conversacional, ele não é um falante nativo.

Eu encorajo você a devotar um tempo extra para estudar verbos frasais. Reconheça-os quando aparecerem em livros canadenses, *podcasts* britânicos e programas de TV americanos. Acostumar-se com verbos

1. **catch + on**
   a. *become popular*: Soccer is catching on in the US.
   b. *(+ to) understand*: If you listen carefully, you'll catch on to what Joel Santana said in the interview.

---

2. **hold + on**
   a. *wait*: Hold on a second while I look for his phone number.
   b. *(+ to) secure*: Everyone held on to their hats in the wind.

---

3. **keep + on**
   a. *continue*: She kept on watching TV after the commercial break.

---

4. **run + into**
   a. *encounter*: Call me if you run into any problems with my laptop.
   b. *meet unexpectedly*: Yesterday I ran into my ex-girlfriend at the mall.
   c. *collide*: The car ran into the side of the bus.

---

5. **look + forward + to**
   a. *eagerly anticipate*: As kids, we always looked forward to Christmas.

---

6. **watch + out + for**
   a. *be cautious of*: Watch out for pickpockets when you're on the subway.

---

7. **turn + out**
   a. *(+ for) attend*: A huge crowd turned out for the baseball game.
   b. *ultimately be*: It turned out he wasn't the father.

---

8. **end + up**
   a. *ultimately be*: It ended up he wasn't the father.

---

9. **put + up + with**
   a. *tolerate*: I don't know how she puts up with that barking dog.

---

10. **catch + up**
    a. *update each other*: I haven't seen you in years; we should catch up soon!
    b. *(+to) reach and overtake*: The fallen runner was unable to catch up to the leader by the end of the race.

---

11. **look + up**
    a. *raise one's eyes*: The toddler looked up at his mother.
    b. *search for information*: When I don't know a word I look it up in the dictionary.

frasais através da exposição pode ser uma técnica melhor do que a memorização mecânica ou o estudo com *flashcards*, já que há tantos verbos frasais e tão poucas regras sobre quais deles você pode ou não dividir.

Eu quero lhe dar uma vantagem inicial: prestei atenção aos padrões de fala dos meus familiares e amigos nos últimos anos, e elaborei esta lista de 20 verbos frasais que percebi serem os mais predominantes no inglês americano do dia a dia. De fato, aproximadamente metade deles aparece em algum lugar na versão inglês deste livro! Eu listei os significados mais comuns e úteis para cada verbo frasal, mas, com o tempo, provavelmente você vai descobrir que a maioria também tem significados adicionais. Observe que raramente é errado não dividir um verbo frasal, então sugiro manter a preposição perto do verbo principal até você se familiarizar com a flexibilidade de cada um.

1. catch + on
   a. *tornar-se popular:* O futebol está se tornando popular nos EUA.
   b. *(+ to) entender:* Se você escutar com atenção, vai entender o que Joel Santana disse na entrevista.

2. hold + on
   a. *esperar:* Espere um segundo, enquanto eu procuro o número de telefone dele.
   b. *(+ to) segurar:* Todos seguraram os seus chapéus no vento.

3. keep + on
   a. *continuar:* Ela continuou assistindo à TV depois dos comerciais.

4. run + into
   a. *achar:* Ligue-me, se achar algum problema no meu notebook.
   b. *encontrar por acaso:* Ontem, encontrei por acaso a minha ex-namorada no shopping.
   c. *colidir:* O carro colidiu com a lateral do ônibus.

5. look + forward + to
   a. *aguardar ansiosamente:* Quando crianças, sempre aguardávamos ansiosamente pelo Natal.

6. watch + out + for
   a. *tomar cuidado com:* Tome cuidado com batedores de carteira quando estiver no metrô.

   c. *improve*: The rain has stopped and the day is looking up!

   d. *(+to) admire*: I've always looked up to my grandpa.

---

12. put + down

   a. *rest an item*: Please come in and put your suitcases down!

   b. *write*: The reporter put the senator's comments down in her notebook.

   c. *insult*: Bullies are always putting other kids down.

---

13. put + off

   a. *delay*: He decided to put off mopping the floor until tomorrow.

   b. *perturb*: This stupid TV show always puts me off.

---

14. be + into

   a. *enjoy*: My daughter is into dolls and horses.

   b. *be attracted to*: I'm really into that pretty girl over there.

---

15. turn + into

   a. *transform*: The witch turned the handsome prince into an ugly toad.

---

16. make + out

   a. *barely see*: Can you make out that sailboat on the horizon?

   b. *passionately kiss*: In Brazil it's common to see young couples making out in public.

   c. *succeed*: The team made out pretty well in the tournament.

---

17. figure + out

   a. *discover*: He figured out where she was hiding the car keys.

---

18. plug + in

   a. *connect to power*: My iPhone beeps whenever I plug it in.

---

19. bring + up

   a. *raise children*: As a single mom, she brought three kids up on one salary.

   b. *mention*: Stop bringing up your ex-girlfriend!

---

20. shut + up

   a. *close*: Shut the cabin up before you leave.

   b. *trap*: I hate when the rain shuts us up inside.

   c. *to stop talking (note: rude!)*: Shut up, you stupid idiot.

7. turn + out

    a. *(+ for) comparecer:* Uma enorme multidão compareceu ao jogo de beisebol.

    b. *verificar-se/acabar + que:* Verificou-se que ele não era o pai.

---

8. end + up

    a. *verificar-se/acabar + que:* Acabou que ele não era o pai.

9. put + up + with

    a. *tolerar:* Não sei como ela tolera esse cachorro latindo.

---

10. catch + up

    a. *colocar o papo em dia:* Já faz anos que não vejo você; deveríamos colocar o papo em dia qualquer dia desses!

    b. *(+to) alcançar e ultrapassar:* O corredor que caiu não conseguiu alcançar e ultrapassar o líder até o final da corrida.

---

11. look + up

    a. *levantar os olhos:* A criança pequena levantou os olhos para ver a mãe.

    b. *procurar, buscar informações:* Quando eu não sei uma palavra, eu procuro por ela no dicionário.

    c. *melhorar:* A chuva parou, e o dia está melhorando!

    d. *(+to) admirar:* Eu sempre admirei o meu avô.

12. put + down

    a. *colocar um objeto numa superfície:* Entrem e coloquem as suas pastas na mesa!

    b. *anotar:* A repórter anotou os comentários do senador no bloco de notas dela.

    c. *insultar:* Valentões estão sempre insultando as outras crianças.

13. put + off

    a. *adiar:* Ele decidiu adiar a limpeza do chão para amanhã.

    b. *perturbar:* Esse programa de TV estúpido sempre me perturba.

---

14. be + into

    a. *gostar:* A minha filha gosta de bonecas e cavalos.

    b. *sentir-se atraído por:* Estou me sentindo completamente atraído por aquela linda menina ali.

15. turn + into

    a. *transformar:* A bruxa transformou o lindo príncipe num sapo feio.

---

16. make + out

    a. *enxergar com dificuldade:* Você consegue enxergar aquele veleiro no horizonte?

b. *beijar-se apaixonadamente, dar uns amassos:* No Brasil, é comum ver jovens casais dando uns amassos em público.

c. *ter sucesso:* O time teve um grande sucesso no torneio.

17. figure + out

a. *descobrir:* Ele descobriu onde ela tinha escondido as chaves do carro.

18. plug + in

a. *conectar na energia:* O meu iPhone faz um bipe sempre que eu o conecto na energia.

19. bring + up

a. *criar (crianças):* Como mãe solteira, ela criou os três filhos com um salário.

b. *mencionar:* Pare de mencionar a sua ex-namorada!

20. shut + up

a. *fechar:* Feche a cabine antes de sair.

b. *deixar preso:* Eu odeio quando a chuva nos deixa presos em casa.

c. *calar a boca (observação: grosseiro!):* Cale a boca, seu idiota estúpido.

17

IS ENGLISH **MORE BEAUTIFUL** THAN PORTUGUESE?

The other day I saw a Facebook post that made me laugh:

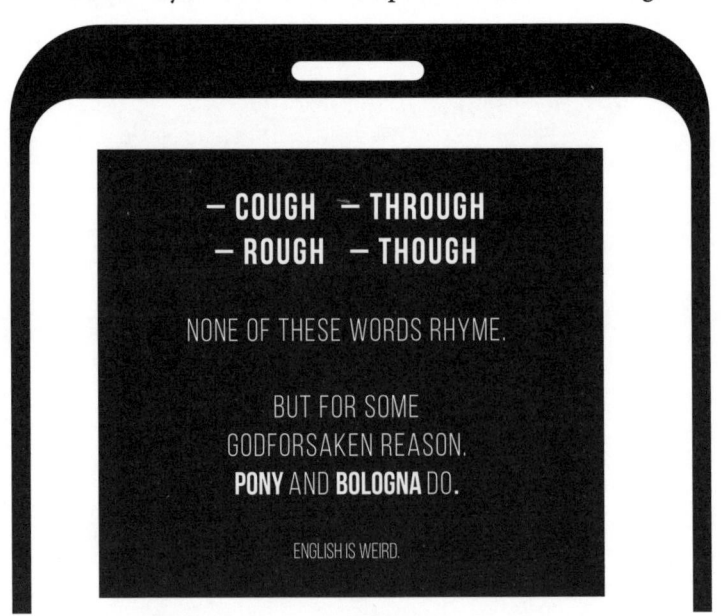

— COUGH — THROUGH
— ROUGH — THOUGH

NONE OF THESE WORDS RHYME.

BUT FOR SOME
GODFORSAKEN REASON.
PONY AND **BOLOGNA** DO.

ENGLISH IS WEIRD.

Indeed, English is full of words whose spelling differs wildly from how they're pronounced. Take, for example, the words *to/shampoo/renew*: each has a unique ending, but they all rhyme. Canada's Joni

INGLÊS É **MAIS BONITO** QUE PORTUGUÊS?

Outro dia, eu vi um post no Facebook que me fez rir:

— COUGH   — THROUGH
— ROUGH   — THOUGH

NENHUMA DESSAS PALAVRAS RIMA.

MAS, POR ALGUM MOTIVO INFELIZ,
PONY E **BOLOGNA** RIMAM.

INGLÊS É ESTRANHO.

De fato, o inglês é cheio de palavras cuja grafia difere extremamente de como são pronunciadas. Veja, por exemplo, as palavras *to/shampoo/renew*: cada uma tem um final diferente, mas todas rimam. A cantora canadense Joni Mitchell, encadeou esse trio de palavras na sua canção de 1971, *All I Want (Tudo que eu quero)*, e a rima resultante é doce aos ouvidos:

Mitchell strung this trio of words together in her 1971 song *All I Want*, and the resulting rhyme is sweet to the ears:

> *I want to talk to you,*
> *I want to shampoo you,*
> *I want to renew you, again and again.*

Or consider the first two stanzas of my favorite poem, *Stopping by Woods on a Snowy Evening* by Robert Frost:

> *Whose woods these are I think I know.*
> *His house is in the village though;*
> *He will not see me stopping here*
> *To watch his woods fill up with snow.*
>
> *My little horse must think it queer*
> *To stop without a farmhouse near*
> *Between the woods and frozen lake,*
> *The darkest evening of the year.*

Here we again encounter two sets of rhyming words – *know/though* and *here/queer/near* – that click together effortlessly, tight as a seat belt, despite their different spellings. This poem highlights a feature of my mother tongue that I've recently come to appreciate: the great quantity and grammatical variety of one-syllable English words that rhyme. In this poem, *know* is a verb, *though* is a conjunctive adverb, and *snow* is a noun; *here* an adverb, *queer* an adjective, *year* a noun.

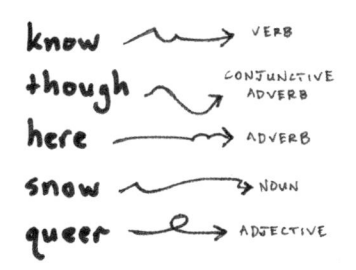

I want to talk to you,
(Quero conversar com você,)

I want to shampoo you,
(Quero passar shampoo em você,)

I want to renew you, again and again.
(Quero renovar você de novo e de novo.)

Ou considere as duas primeiras estrofes do meu poema favorito, *Stopping by Woods on a Snowy Evening* (*Parado entre Árvores no Entardecer Nevado*) de Robert Frost:

Whose woods these are I think I know.
(Tais matas sei serem de alguém.)

His house is in the village though;
(Sua casa está na aldeia além;)

He will not see me stopping here
(Não me verá parado aqui)

To watch his woods fill up with snow.
(Na mata a olhar neve que vem.)

My little horse must think it queer
(O meu cavalo pensa que é engano)

To stop without a farmhouse near
(Parar sem ter um sítio humano)

Between the woods and frozen lake,
(Entre tal mata e o lago em gelo)

I'm a sucker for a story told within the rectangular confines of a poem, and a great rhyme swells me with liquid joy. Becoming fluent in Portuguese has thus doubled my fount of joy. I have had the privilege of reading Camões and listening to Gilberto Gil in their mother tongue, and I find it all just as beautiful as English poetry – but for very different reasons. For example, Camões wrote:

Amor é fogo que arde sem se ver;
É ferida que dói, e não se sente;
É um contentamento descontente;
É dor que desatina sem doer.

É um não querer mais que bem querer;
É um andar solitário entre a gente;
É nunca contentar-se de contente;
É um cuidar que ganha em se perder.

When a native speaker of English learns Portuguese, one of the first things he or she is taught is the pattern of Portuguese verbs: There are -ar verbs such as *cantar*, -er verbs such as *escrever*, and -ir verbs such as *sentir*. This concept is mind-blowing for an English speaker, that in Portuguese there exist just three neat verb categories. This neatness, however, allows for what are called *rimas pobres*, or weak rhymes. These are rhymes that come from the same grammatical class, particularly from verbs in the infinitive, as in Camões above (*ver/doer/querer/perder*) and in the Tribalistas lyrics below:

Já sei namorar;
Já sei beijar de língua;
Agora só me resta sonhar,
Já sei onde ir;
Já sei onde ficar;
Agora só me falta sair.

The darkest evening of the year.
(Na mais escura tarde do ano.)

Acima encontramos de novo dois conjuntos de palavras que rimam – *know/though* e *here/queer/near* – que combinam sem esforço, apertadas como um cinto de segurança, apesar das diferentes grafias. Esse poema destaca uma característica da minha língua materna que comecei a apreciar recentemente: a grande quantidade e variedade gramatical de palavras inglesas monossilábicas que rimam. Nesse poema, *know* é um verbo, *though* é um advérbio conjuntivo e *snow* é um substantivo; *here*, um advérbio, *queer*, um adjetivo, *year*, um substantivo.

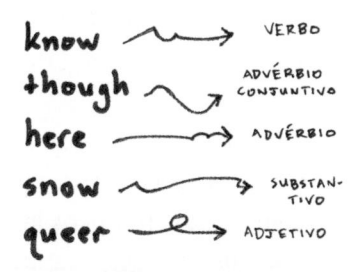

Eu tenho uma queda por histórias contadas dentro dos confins retangulares de um poema, e uma ótima rima me enche de alegria. Tornar--se fluente em português, portanto, duplicou a minha fonte de felicidade. Eu tive o privilégio de ler Camões e escutar Gilberto Gil nas suas línguas maternas, e acho isso tudo tão lindo quanto a poesia em inglês – mas por motivos muito diferentes. Por exemplo, Camões escreveu:

Amor é um fogo que arde sem se ver;
É ferida que dói, e não se sente;
É um contentamento descontente;
É dor que desatina sem doer.

É um não querer mais que bem querer;
É um andar solitário entre a gente;

Namorar/sonhar/ficar. Ir/sair. These verbs with identical endings, encountered with relative ease, anchor the poem, and I imagine that the temptation to use such readily accessible rhymes must be at times overwhelming for Portuguese-language poets and songwriters. Preferred are *rimas ricas,* taken from different grammatical classes, and *rimas preciosas,* the crown jewel of rhymes, as in Olavo Bilac's *Via Láctea*:

> *E eu vos direi: "Amai para entendê-las!*
> *Pois só quem ama pode ter ouvido*
> *Capaz de ouvir e de entender estrelas".*

Estrelas/entendê-las: now that's a rhyme that swells me with joy! It reminds me of a limerick I wrote in middle school in which I rhymed *auxiliary* with *'til her tea* – one of my finest childhood moments, without a doubt.

Despite the scorn sometimes cast upon *rimas pobres,* I find them beautiful for the simple notion that a Portuguese poet may guide a poem with precision. The Portuguese poet is a pilot in control of an airliner. Meanwhile the English poet, also a pilot, must perpetually navigate his plane through heavy turbulence and adapt to the complex demands of a more random set of rhyming words. This is the principal difference that I feel when reading poetry and listening to music in each language: the planned beauty and poetic control of a Brazilian songwriter *versus* the whimsical searching and spontaneity of a Canadian songwriter and her coincidental story built around English words that happen to rhyme.

This is not to say that Portuguese-language poetry is devoid of such whimsy. I'm reminded of Chico Buarque's 1971 song *Construção,* in which, instead of phonetically rhyming, the final word of each verse is *proparoxítona,* a word with emphasis on the third-to-last syllable:

> *Amou daquela vez como se fosse a última.*
> *Beijou sua mulher como se fosse a última,*
> *E cada filho seu como se fosse o único,*
> *E atravessou a rua com seu passo tímido...*

É nunca contentar-se de contente;
É um cuidar que ganha em se perder.

Quando um falante nativo de inglês aprende português, uma das primeiras coisas que lhe ensinam é o padrão dos verbos portugueses: há verbos terminados em –ar, como *cantar*, em –er, como *escrever* e em –ir, como *sentir*. Para um falante de inglês, este conceito é surpreendente: em português, há apenas três categorias puras de verbos. Essa pureza, contudo, permite o que são chamadas de rimas pobres. Tais rimas vêm da mesma classe gramatical, particularmente de verbos no infinitivo, como em Camões acima (*ver/doer/querer/perder*) e como na letra dos Tribalistas, abaixo:

Já sei namorar;
Já sei beijar de língua;
Agora só me resta sonhar,
Já sei onde ir;
Já sei onde ficar;
Agora, só me falta sair.

Namorar/sonhar/ficar. Ir/sair. Esses verbos com finais idênticos, encontrados com relativa facilidade, ancoram o poema, e imagino que a tentação de usar essas rimas prontamente acessíveis deve ser, às vezes, irresistível para poetas e compositores de língua portuguesa. As preferidas são as rimas ricas, tiradas de diferentes classes gramaticais, e as rimas preciosas, a cereja do bolo das rimas, como em *Via Láctea*, de Olavo Bilac:

E eu vos direi: "Amai para entendê-las!
Pois só quem ama pode ter ouvido
Capaz de ouvir e de entender estrelas".

Any Brazilian familiar with this song will understand the chills one gets when Buarque sings the song three times through, each time moving the final *proparoxítonas* around "like pieces on a gameboard"... and the story of the song continues to make sense and, in fact, becomes more profound with each repetition:

Amou daquela vez como se fosse o último.
Beijou sua mulher como se fosse a única.
E cada filho seu como se fosse o pródigo.
E atravessou a rua com seu passo bêbado...

The utter coincidence of these lyrics, words employed simply because of their emphasis on the third-to-last syllable, and the resulting poetic perfection, left me breathless at first. This momentary breathlessness is identical to what I feel when I read well-rhymed English poetry, full of *rimas preciosas*, powerful and memorable stories that might not exist if not for the fact that *nevermore* happened to rhyme with *door, o'er,* and *Lenore.*

Finally, another marvelous feature of the Portuguese language that I love is the flexibility of word order. Take the lyrics of Renato Russo's *Monte Castelo*, derived from 1 Corinthians 13:

Ainda que eu falasse
a língua dos homens,
e falasse a língua
dos anjos, sem amor
eu nada seria.

"Shouldn't that be *eu seria nada*?" I wondered when I heard this song for the first time. But to my surprise, I discovered that Portuguese grammar allows for both forms. The beauty!

Estrelas/entendê-las: essa sim é uma rima que me enche de alegria! Ela me lembra de um poema limerique[2] que escrevi no ensino fundamental no qual eu rimei *auxiliary* com *'til her tea* – um dos meus momentos mais bonitos da infância, sem dúvida.

Apesar do desprezo por vezes lançado sobre as rimas pobres, eu as acho lindas pelo simples fato de que um poeta do português pode conduzir um poema com precisão. O poeta do português é um piloto no controle de um avião comercial. Enquanto que o poeta do inglês, também um piloto, deve perpetuamente navegar o seu avião através da turbulência e se adaptar às complexas demandas de um conjunto mais aleatório de palavras que rimam. Essa é a principal diferença que sinto ao ler poesia e escutar música em cada língua: a beleza planejada e o controle poético de um compositor brasileiro *versus* a busca caprichosa e a espontaneidade de uma compositora canadense e sua história casual construída em torno das palavras inglesas que por acaso rimam.

Não quero dizer que a poesia da língua portuguesa seja desprovida desse capricho. Eu me lembro da música *Construção*, de 1971, de Chico Buarque, na qual, em vez de rimar foneticamente, a última palavra de cada verso é proparoxítona, uma palavra cuja sílaba tônica é a antepenúltima:

Amou daquela vez como se fosse a última.
Beijou sua mulher como se fosse a última,
E cada filho seu como se fosse o único,
E atravessou a rua com seu passo tímido...

Qualquer brasileiro familiarizado com essa música vai entender os arrepios que se sente quando o Chico canta a música três vezes seguidas, embaralhando as proparoxítonas finais "como peças de um jogo de tabuleiro". A história da música continua fazendo sentido e, de fato, torna-se mais profunda com cada repetição:

---

[2]Nota do tradutor: limerique é um poema com uma estrofe e cinco versos, sendo o primeiro, o segundo e o quinto versos maiores e rimando entre si, e o terceiro e o quarto menores, também rimando entre si. O conteúdo é geralmente humorístico.

English, meanwhile, remains more or less a prisoner of word order, so when English's deftest poets and cleverest songwriters craft a perfect image, a crown jewel, in tight rhyme and within the bounds of English's even tauter grammatical chains, I feel the joy surge up from the pit of my stomach, as when Carbon Leaf sings:

Stirred up by the breeze,
Strong but not at peace,
Free but unreleased.

...or when the humorist Jemaine Clement chants:

Can somebody please
remove these
cutleries
from my knees?

Such is the whimsical joy of English poetry. As the American author J.D. Salinger attested, happiness is a solid while joy is a liquid, and my heart is quenched.

Amou daquela vez como se fosse o último.
Beijou sua mulher como se fosse a única.
E cada filho seu como se fosse o pródigo.
E atravessou a rua com seu passo bêbado...

A coincidência absoluta da letra dessa música, as palavras empregadas simplesmente por causa da sua ênfase na antepenúltima sílaba e a perfeição poética resultante me deixaram, inicialmente, sem fôlego. Essa falta de ar momentânea é idêntica ao que sinto quando leio uma poesia bem rimada em inglês, cheia de rimas preciosas, e histórias poderosas e memoráveis que podem nem existir, senão pelo fato de que *nevermore* por acaso rima com *door, o'er* e *Lenore.*

Finalmente, outra característica maravilhosa da língua portuguesa que eu adoro é a flexibilidade da ordem das palavras. Pegue a letra de *Monte Castelo*, de Renato Russo, inspirada em 1 Coríntios 13:

Ainda que eu falasse
a língua dos homens,
e falasse a língua
dos anjos, sem amor
eu nada seria.

"Não deveria ser *eu seria nada*?", pensei, quando ouvi essa música pela primeira vez. Contudo, para a minha surpresa, descobri que a gramática portuguesa permite ambas as formas. Que beleza!

O inglês, por outro lado, permanece mais ou menos prisioneiro da ordem das palavras, então, quando os hábeis poetas e os mais astutos compositores do inglês elaboram uma imagem perfeita, a cereja do bolo, em uma rima rígida e dentro dos limites das amarras gramaticais ainda mais rigorosas do inglês, eu sinto a alegria brotar bem no meio da boca do meu estômago, como quando Carbon Leaf canta:

Stirred up by the breeze,	(Agitado pela brisa)
Strong but not at peace,	(Forte, mas inquieto)
Free but unreleased.	(Livre, mas prisioneiro)

Ou quando o humorista Jemaine Clement entoa:

Can somebody please	(Será que alguém pode)
remove these	(tirar esses)
cutleries	(talheres)
from my knees?	(dos meus joelhos?)

Assim é a alegria caprichosa da poesia em inglês. Como o autor americano J.D. Salinger atestou, a felicidade é um sólido, enquanto a alegria é um líquido, e o meu coração está saciado.

18

10 BETTER WAYS TO SAY *GOODBYE!*

Goodbye! sounds a bit like *Adeus*! sounds in Portuguese: not wrong, but quite formal and nowadays almost antiquated. For the last several years I've been marking down the various farewells I hear from my wife, my friends, and the folks I run into while doing errands in Fort Collins. The first three farewells below are formal (e.g. at the cash register in the grocery store), and the last seven are informal.

1. BYE!. Removing the "good" from "goodbye" sounds more natural. I have also heard Brazilians use *bye-bye* with the same intonation they use *tchau tchau*, but note that *bye-bye* is typically reserved for use with children.

2. HAVE A GOOD ONE!. This is probably the most common farewell in retail situations and means *tenha um bom dia*. "One" in this context means "day," and it's much more common to hear this than "Have a good day," which to me sounds nearly robotic.

3. TAKE CARE!. This literally means *leve cuidado* but is used in the sense of *Se cuida!* This is a common one to use at the end of letters and emails before signing your name.

Take care, *Jim*

4. SEE YOU LATER!. This one is super common. Since *you* is pronounced with a schwa in informal English, this becomes "See ya later" when written, and shortens even further to either "See ya!" or "Later!"

In the age of text messaging, the former has become even shorter — "cya!" — since the verb *see* and the letter *C* have the same pronunciation.

18

AS 10 MELHORES FORMAS DE DIZER *GOODBYE!*

Goodbye! soa um pouco como *adeus!* em português: não está errado, mas é bem formal e, hoje em dia, é quase antiquado. Nos últimos anos, tenho anotado as várias despedidas que ouço da minha esposa, dos meus amigos e do pessoal com quem esbarro enquanto estou resolvendo coisas na rua, em Fort Collins. As três primeiras despedidas abaixo são formais (muito usadas, no caixa do supermercado); e as sete últimas são informais.

1. *BYE!*. Ao remover o "good" de "goodbye", soa mais natural. Também ouvi brasileiros usarem *bye-bye* com a mesma entonação de *tchau tchau*, mas observe que *bye-bye* normalmente é reservado para ser usado com crianças.

2. *HAVE A GOOD ONE!*. Essa provavelmente é a despedida mais comum em situações comerciais, e significa "tenha um bom dia". "One", nesse contexto, significa "dia", e é muito mais comum ouvir isso do que "have a good day", que para mim soa quase robótico.

3. *TAKE CARE!*. Isso literalmente significa "tome cuidado", mas é usado no sentido de "se cuida!". É bem comum de se usar no final de cartas e e-mails, antes de colocar o seu nome.

Take care, Jim

4. *SEE YOU LATER!*. Essa é supercomum. Como "you" é pronunciado como *schwa* no inglês informal, torna-se "see ya later", quando escrito, e se contrai ainda mais para "see ya!" ou "later!".

Na era das mensagens de texto, a primeira abreviação ficou ainda mais curta — "cya!" —, já que o verbo "see" e a letra C têm a mesma pronúncia.

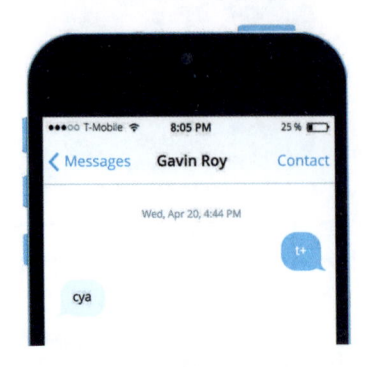

5. CATCH YA LATER!. Another way to say "see ya later." *Catch* is typically translated into Portuguese as *apanhar* or *pegar*, but if I "catch" you in a farewell it actually means something closer to the verb *enxergar* … unfortunately for Michel Teló.

6. TAKE IT EASY!. This means something like "Vai com calma" or "Pega leve."

7. TALK SOON!. Often used to sign off informal emails. This is not the sender demanding that you respond quickly, but rather a shortened form of "We will talk soon" – *a gente se fala em breve.*

8. PEACE!. Literally, *paz*. We don't send *abraços* in English, so I am a big fan of translating *abraços* as *peace* at the end of a video or an email to communicate good vibes without saying *hugs*. Young people also say "Peace out!" which means essentially the same thing.

9. KEEP IT REAL!. This means something like "mantenha tudo certinho."

10. ADIÓS!. Yes, this is Spanish, but since the US is a neighbor of Mexico it's super common to hear even gringos using this as a goodbye, and everyone here in the US certainly knows what it means.

Finally, note that unlike in Portuguese, "Good morning!" and "Good afternoon!" can only be used as greetings in English. Meanwhile, "Good night!" can only be used as a farewell, and only when it's assumed that the other person is going directly to bed!

5. _CATCH YA LATER!_. Outra forma de dizer "see ya later". "Catch" normalmente é traduzido para o português como *apanhar* ou *pegar*, mas se eu te "pego" em uma despedida, na verdade, significa algo mais próximo do verbo *enxergar*... Infelizmente, para Michel Teló.

6. _TAKE IT EASY!_. Significa algo como "vai com calma" ou "pega leve".

7. _TALK SOON!_. Frequentemente usado para terminar e-mails informais. Não significa que a pessoa esteja pedindo que você responda rapidamente, mas, em vez disso, é uma forma encurtada de "we will talk soon" – em português, "a gente se fala em breve".

8. _PEACE!_. Literalmente, paz. Nós não mandamos abraços em inglês, então eu adoro traduzir abraços como *peace* no final de um vídeo ou e-mail para comunicar boas vibrações sem dizer *hugs*. Jovens também dizem "peace out!", o que significa basicamente a mesma coisa.

9. _KEEP IT REAL!_. Significa algo como "mantenha tudo certinho".

10. _ADIÓS!_. Sim, isso é espanhol, mas, como os EUA são vizinhos do México, é supercomum ouvir até gringos usando esse termo como um tchau, e todos aqui nos EUA certamente sabem o que significa.

Por fim, observe que, ao contrário do português, "good morning!" e "good afternoon!" só podem ser usados como saudações de chegada em inglês. Por outro lado, "good night!" só pode ser usado como uma despedida, e só quando se supõe que a outra pessoa já vai dormir!

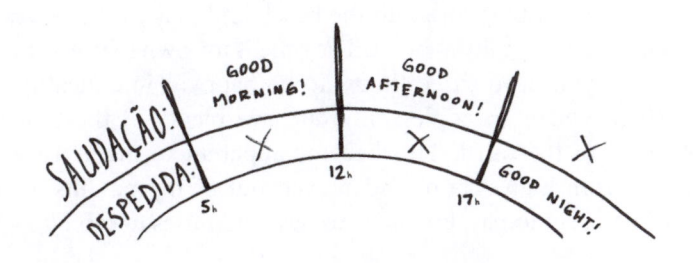

19

SEIZE THE
GOLDEN DAY

One morning when I was ten I awoke to find myself on a bamboo sofa in an unfinished basement, sunlight streaming in through two high windows in a cement wall. Rubbing my eyes, I realized I had slept downstairs instead of in my bedroom, which I did from time to time when it was too hot to sleep upstairs. It must have been July in Ohio, not only because of the heat but also because I woke up on my own – my mom hadn't woken me up to go to school.

I lay there and pondered the day ahead of me. I had no homework to do. My household chores were done for the week. And the summer day outside looked promising. An effervescent feeling of freedom washed over me as I grasped the beauty of my situation – the day ahead of me was mine to do whatever I wanted. Not a single second of my time did I owe to anyone or anything. I could have cried with emotion as my soft feet touched the concrete floor and I bounded upstairs to greet the golden morning, a free man.

What does it mean to be free in the modern world? As a ten-year-old it meant swimming in our pond, riding my bike, hitting a baseball around our yard, and watching TV for hours without feeling guilty about it. Twenty-one years later it means studying a new language if the urge so strikes me; or perhaps I'll teach myself banjo, or try jiu-jitsu, or read a memoir, or write a blog, or go to the beach and play in the waves for hours without feeling guilty about it. The time is my own to use as I wish.

They say you need three things to be happy: Time, health, and money. When you're an adolescent you have plenty of the first two but not much of the third. This became apparent to me at 18 when I graduated from high school and moved out of my parents' house. Suddenly I had rent to pay, groceries to buy, and buses to catch to go to

19

APROVEITE CADA
DIA GLORIOSO

Em uma manhã, quando eu tinha 10 anos, acordei em um sofá de bambu, em um porão inacabado, com a luz do Sol entrando por duas janelas altas de uma parede de cimento. Esfregando meus olhos, percebi que tinha dormido lá embaixo, em vez de no meu quarto, algo que eu fazia de tempos em tempos, quando estava quente demais para dormir lá em cima. Deve ter sido no mês de julho, em Ohio, não apenas por causa do calor, mas também porque acordei sozinho – a minha mãe não havia me acordado para ir à escola.

Fiquei lá deitado, pensando no dia que vinha pela frente. Eu não tinha dever de casa para fazer. As minhas tarefas domésticas haviam sido finalizadas durante a semana. E o dia de verão lá fora parecia promissor. Um sentimento efervescente de liberdade percorreu o meu corpo, enquanto eu entendia a beleza da minha situação – o dia que vinha pela frente era meu, para eu fazer o que quisesse. Eu não devia um único segundo sequer do meu tempo a ninguém ou a nada. Eu podia ter gritado de emoção, enquanto os meus pés delicados tocavam o piso de concreto e eu corria lá para cima para saudar a manhã gloriosa; eu era um homem livre.

O que significa ser livre no mundo moderno? Para um menino de 10 anos, significava nadar no lago, andar de bicicleta, fazer uma bola de beisebol atravessar o jardim com uma tacada e assistir à TV por horas, sem se sentir culpado por isso. Vinte e um anos depois, significa estudar um novo idioma, se eu sentir vontade, ou aprender a tocar banjo, ou experimentar jiu-jitsu, ou ler um livro de memórias, ou escrever um blog, ou ir para a praia e brincar nas ondas por horas, sem me sentir culpado. O tempo é meu, para usar como eu quiser.

Dizem que é preciso três coisas para ser feliz: tempo, saúde e dinheiro. Quando se é adolescente, você tem bastante dos dois primeiros, mas não

work to earn enough to repeat the cycle. I worried about my future, and I worked hard and saved money.

It is with this mindset that the majority of us transition into middle age, the next phase of modern life, when you finally have some money, you still have health, but you suddenly have no time. When you focus too intently on an imagined future, a mirage on the horizon, you tend to forget that your two feet stand in the present moment, and your days slip past you in a hypnotic blur. American author Annie Dillard writes, "How we spend our days is, of course, how we spend our lives." So how should I spend the hectic days of my adulthood? How do I live in and fully appreciate more present moments before I reach old age, when I'll at last have time, and money, but not health?

The trick, I think, is to go to bed each night at peace with a to-do list a hundred items long. A meaningful life involves weathering the daily storms of buses, budgets, angry clients, grocery lists, sobbing children, dirty dishes in a dripping sink, rinse, wash, repeat, and the alarm goes off again. In the midst of it all I must drop my to-do list and my smartphone to create windows of time – fleeting moments of modern freedom – within a pauseless, lifelong agenda. *Carpe momentum.*

It was in a window of time that SmallAdvantages was born. Perhaps it's in a window of your own time that you're reading this book that grew out of SmallAdvantages's subsequent success. My goal in that original window of time was never to make money or gain fame. I never had an original goal for SmallAdvantages. I started learning Brazilian Portuguese because I felt like undertaking an exciting new challenge, and I continued to fluency because I fell in love with the language. My YouTube channel was an outgrowth of this love. I found meaning in it, and thus I created a window of time for it.

muito do terceiro. Isso ficou claro para mim aos 18 anos, quando me formei no ensino médio e saí da casa dos meus pais. De repente, eu tinha que pagar o aluguel, fazer as compras e pegar ônibus para ir ao trabalho para ganhar dinheiro o suficiente para repetir o ciclo. Eu me preocupava com o meu futuro, então trabalhava duro e economizava dinheiro.

É com essa mentalidade que a maioria de nós faz a transição para a idade adulta, a fase seguinte da vida moderna, quando você finalmente tem um pouco de dinheiro, ainda tem saúde, mas, de repente, não tem mais tempo. Quando você foca tão obstinadamente em um futuro imaginado, uma miragem no horizonte, você tende a esquecer que os seus dois pés estão fincados no momento presente, e os dias passam voando por você, em um borrão hipnótico. Uma autora americana, Annie Dillard, escreveu, "como passamos os nossos dias é, obviamente, como passamos as nossas vidas". Então, como eu deveria passar os dias agitados da minha vida adulta? Como faço para aproveitar e apreciar completamente mais momentos presentes antes de chegar à velhice, quando terei finalmente tempo e dinheiro, mas não saúde?

O truque, eu acho, é ir para a cama toda noite em paz com uma lista de afazeres com cem itens. Uma vida significativa envolve resistir às tempestades diárias: ônibus, orçamentos, clientes chateados, listas de compras, filhos chorando, louça suja em uma pia gotejando, enxaguar, lavar, repetir... E o despertador toca novamente. Em meio a isso tudo, tenho que esquecer a minha lista de afazeres e o meu smartphone para criar espaços de tempo – momentos fugazes da liberdade moderna – em uma eterna agenda sem pausas. *Carpe momentum.*

Foi em um desses espaços de tempo que o SmallAdvantages nasceu. E, talvez, você esteja lendo este livro, que surgiu a partir do sucesso do meu canal, em um espaço de tempo seu. O meu objetivo naquele es-

One hypnotic day I stopped and realized that from this blob of spaghetti I could carve out a full-time job. I now "travel" to Brazil almost every day from my basement studio in Colorado. Having a second (and a third, and a fourth) language is a passport that allows me to travel in a way that paper passports can't. When I'm physically in Brazil my daily routine is jolted alive by the necessity to use new words in a foreign country: Hailing a cab, speaking in ê's, ordering beef… or rather, chicken. Learning Brazilian Portuguese stirred things up inside me in such a way that I am a fundamentally different person – no longer an introverted, slightly sullen graduate student, but now an ebullient and optimistic YouTube personality ready to take on the next big challenge and share it with the world.

These are the types of life-unfolding occurrences that result from golden windows of time when you're free to latch on to whatever new passion presents itself to you in the moment. I want to open up more of my days, spend more afternoons with my wife and family, hike more mountain trails, study more languages, be inspired by more books, gain as much human experience as possible in a short lifetime. One hundred years is nothing, and "Freedom is not enough. What I want still has no name."

Conjure up windows of time relentlessly. Create them in spite of and because of the chaos around you. Be persistent in your quest for simplicity and intentionality, right now. Be, and you will routinely remember that your life is your own, and that you have the power to do with it what you wish. Let the remembrance of this power fill you with the same wonderment and joy that filled me as a ten-year-old boy on that blissful summer morning in Ohio, free to seize the golden day.

paço de tempo não foi ganhar dinheiro ou obter fama. Eu nunca tive um objetivo para o SmallAdvantages. Comecei a aprender português brasileiro porque senti vontade de realizar um novo desafio empolgante, e continuei até a fluência porque me apaixonei pelo idioma. O meu canal do YouTube foi uma consequência desse amor. Eu encontrei significado nisso e, portanto, criei um espaço de tempo para realizá-lo.

Em um dia hipnótico, parei e percebi que dessa massa de espaguete eu poderia conseguir um emprego em tempo integral. Agora, eu "viajo" para o Brasil quase todo dia a partir do meu porão-estúdio, no Colorado. Ter um segundo (e um terceiro, e um quarto) idioma é um passaporte que me permite viajar de uma maneira que passaportes de papel não permitem. Quando estou fisicamente no Brasil, a minha rotina diária é sacudida ativamente pela necessidade de usar palavras novas em um país estrangeiro: chamar um táxi, falar com é, pedir bife... Ou, em vez disso, frango. Aprender português brasileiro agitou as coisas dentro de mim de tal modo que eu me tornei uma pessoa diferente – não sou mais um estudante de pós-graduação introvertido e um tanto rabugento, mas sim uma personalidade entusiasmada e otimista do YouTube, pronto para assumir o próximo grande desafio e compartilhá-lo com o mundo.

Esses são os tipos de acontecimentos reveladores da vida que resultam de espaços de tempo gloriosos, quando você está livre para agarrar qualquer nova paixão que se apresentar no momento. Eu quero liberar mais dos meus dias, passar mais tardes com a minha esposa e minha família, percorrer mais trilhas na montanha, estudar outras línguas, ser inspirado por mais livros, obter o máximo possível de experiência humana em um curto período de vida. Cem anos não são nada, e "liberdade é pouco. O que eu desejo ainda não tem nome".

Busque por mais espaços de tempo a todo momento. Crie-o, apesar de e/ou por causa do caos ao seu redor. Seja persistente na sua busca por simplicidade e intencionalidade agora mesmo. Seja, e você vai lembrar, todos os dias, que a sua vida pertence a você, e que você tem o poder de fazer com ela o que desejar. Deixe que a lembrança desse poder encha você com o mesmo encantamento e alegria que me encheram quando eu tinha 10 anos, naquela feliz manhã de verão em Ohio, livre para aproveitar o dia glorioso.